纳

兰

成

德

宗族

北京碑刻

文物

史料

北京石刻艺术博物馆
编

北京燕山出版社

# 前言

## 一

一卷饮水词，翩翩佳公子。

作为"清词三大家"之一的纳兰成德，惊才绝艳，才华横溢，在中国文学史上留下了浓墨重彩的一笔。清末民初，著名词人、词论家况周颐在《蕙风词话》中指出：

> 纳兰容若为国初第一词手……容若承平少年，乌衣公子，天分绝高，适承元明词敝甚，欲推尊斯道，一洗雕虫篆刻之讥……其所为词，纯任性灵，纤尘不染，甘受和，白受采，进于沉着浑至何难矣！

著名文学评论家、学者王国维的《人间词话》甚至盛赞纳兰词为"北宋以来，一人而已"。

## 二

成德（1655—1685），叶赫纳兰氏（亦作叶赫那拉氏），字容若，一度避讳康熙太子保成（正名胤礽）名，更名性德，号楞伽山人，满洲正黄旗人，清初名臣、大学士明珠长子；母爱新觉罗氏，英亲王阿济格第五女。

二弟揆叙，深受康熙皇帝重用，累官至都察院左都御史，掌翰林院事；三弟揆方（亦作揆芳），尚和硕康亲王杰书（礼亲王代善第八子祜塞第三子）第八女。

纳兰一族不仅满门权贵，而且参与了撤三藩、收复台湾、中俄边境战争等重大事件，在清前期政坛上占据重要地位。

此外，纳兰家族在京师、海淀建有诸多宅邸园林，足迹遍布京师，纳兰诗词文章中多有写及，因此，纳兰家族在北京文化史中也占有重要地位。

# 三

纳兰成德天资高隽，少年即有才名，且博通经史，工书法，擅丹青诗词，又精骑射。十七岁入学国子监，十八岁中举，二十二岁赐进士出身，居渌水亭别墅，读书闲居，除诗词文章外，还作有《渌水亭杂识》《大易集义萃言》《陈氏礼记集说补正》《删补大学义粹言》等书。成德还是著名的藏书家、书画收藏家，与著名画家张纯修有诸多书画鉴赏、交流。

康熙十七年（1678），成德二十五岁，被皇帝选为侍卫。自此，陪王伴驾，出巡江南、山东、山西，并奉命赴东北边塞勘察沙俄形势，前往西北宣抚蒙古，为抗击外国侵略、实现多民族国家统一做出了自己的贡献。

此外，成德以旗人贵公子身份，坦诚结交当时文化友人，朱彝尊、顾贞观、严绳孙、吴兆骞、姜宸英等人"皆一时俊异，于世所称落落难合者"。渌水亭、通志堂的雅集，不仅为京师的文化活动增添了亮色，促进了文人间的文化交流，而且加强了江南文人对朝廷、旗人的认同，为清初政治稳定、文化发展做出了自己的贡献。

纳兰成德及其家族居住、生活在北京，足迹遍布京师，也葬于北京。他们的足迹、活动、建造、创作，为当下北京老城区、三山五园区的整体保护，三个文化带的发展，奠定了坚实的历史文化资源基础。

# 四

北京有"三千年建城史，八百年建都史"，又是元明清三代大一统国家的首都，是国家政治文化中心，凝聚了丰富厚重的历史文化遗产，在中国、世界文化名城中一枝独秀。

习近平总书记指出："历史文化是城市的灵魂，要像爱惜自己的生命一样保护好城市历史文化遗产。"

当前，正值北京市委、市政府积极推动落实《北京城市总体规划（2016—2035 年）》的历史背景下，北京石刻艺术博物馆组织专业力量对纳兰成德及其家族的历史资料、文化资源、文物资源进行搜集、勘察，在此基础上，编订《纳兰成德宗族北京碑刻文物史料》一书。

《纳兰成德宗族北京碑刻文物史料》强化本馆文物专业的专长，以纳兰成德家族在京史迹遗存的调查成果为入手，以现存的石碑、墓志等石质文物为依托，结合大众相对熟知的纳兰家族建筑、遗迹、石刻，纳兰成德、纳兰明珠与清初重大历史事件，串联起纳兰家族的发展史，展示出历史上真实的纳兰家族面貌。

本书的编订、出版不仅为研究纳兰家族史及清朝政治历史提供了别开生面的学术视角，也为北京文物、文化界的文化资源保护、发展，为北京中轴线的申遗，北京老城区、三山五园区域的整体保护，三个文化带的建设，充分发挥北京历史文化遗产这张金名片的作用奠定了坚实的基础。同时，我们期待通过本书的出版，抛砖引玉，为进一步推进有关纳兰家族的文学、文化研究，打造北京纳兰成德这个文化品牌、推动相应地区的文化产业发展，起到相应的作用。

北京石刻艺术博物馆课题组

2023 年 9 月 15 日

# 目
# 录

## 纳兰成德宗族与北京

《通志堂集》上的"纳兰性德"题名

纳兰成德，康熙朝大学士、名臣纳兰明珠长子，本名成德，短期改名性德，因其师傅著名学者、刑部尚书徐乾学编纂纳兰的诗文集《通志堂集》时，署名"纳兰性德"，后世遂以"性德"名之。

纳兰成德家族系明朝末年海西女真叶赫国主（统治区域在吉林西部地区）之后。明珠的祖父金台吉（各文献记载不一，或译为"金太石"）被努尔哈赤击败绞杀——金台吉妹妹孟古哲哲为努尔哈赤皇后（追封），生皇太极；金台吉二子、明珠父亲倪迓汉被俘，授三等副将，世袭佐领之职，并累赠光禄大夫；明珠母亲墨尔齐氏累赠一品夫人。

自顺治元年（1644）顺治皇帝入关、纳兰家族随之迁居北京始，就开启了纳兰家族作为北京人的时代。

明珠家族与满洲皇族爱新觉罗家族及各大族联姻，为满洲八大姓之一[1]，是清朝北京最有影响力的家族之一，尤其是纳

---

【1】 昭梿《啸亭杂录》卷十"八大家"："满洲氏族以瓜尔佳氏直义公之后、钮祜禄氏宏毅公之后、舒穆禄氏武勋王之后、纳兰氏金太石之后、董鄂氏温顺公之后、辉发氏阿兰泰之后、乌喇氏卜占泰之后、伊尔根觉罗氏某之后、马佳氏文襄公之后，为八大家云。凡尚主选婚，以及赏赐功臣奴仆，皆以八族为最云。"实则九家。汉人传统文化中"八"字有典故，如八卦、八音、八仙、八方等。《管子·五行》："地理以八制。"注："少阴之数。"

兰成德的父亲明珠累任内务府总管、刑部尚书、兵部尚书、都察院左都御史、武英殿大学士、太子太傅，为康熙朝大政方针的决策、执行发挥了重大作用，众多高层官僚依附明珠，有所谓"明党"之称；纳兰成德以皇帝侍卫身份，跟随皇帝往山西、关外、山东、江南巡幸，并奉命往黑龙江、蒙古地区公务；康熙晚期，纳兰成德的二弟揆叙历任礼部侍郎、工部侍郎、督察院左都御史兼翰林院掌院，是皇八子允禩（原名胤禩，皇四子胤禛即位，令诸兄弟改胤为允）一党核心人物，著有《益戒堂集》《鸡肋集》《隙光亭杂识》《后识》等。一定程度上说，明珠、成德、揆叙父子兄弟在康熙朝国家政治中发挥了极为重要的作用

北京是纳兰家族的起居、生活、葬身之地，留下了纳兰家族的诸多遗迹，其宅邸、墓地还有相应的遗迹、遗物，其曾游览、吟咏、记录的诸多地点、园林寺观或仍存在于世，或在发展中成为地区文化的重要组成部分，是"文化北京"建设最具有代表性的文化财富之一，值得各界关注、研究。

什刹海

# 一、纳兰宗族的变迁

## （一）纳兰家族的概况

明朝初年，根据与朝廷的关系、地理位置、开化程度，东北地区女真人大体分为建州女真、海西女真、野人女真三大部，每部下又分数部，各部之间既互相交往通婚，又互相征讨。明朝中叶以后，三部女真不时迁徙。最后，海西女真分布于今辽宁开原、铁岭东至吉林地区，分成哈达、叶赫、乌喇、辉发四部。其中，叶赫部居住于叶赫河两岸地区，纳兰成德的先祖就是叶赫部的国主（彼时，称贵族为"贝勒"）。

纳兰一族本蒙古土默特部人，始祖星根达尔汉东迁至吉林，攻占扈伦国张城那拉氏，改姓那拉。16世纪初，南迁至开原北，后又迁移至叶赫河[1]，称叶赫部——首领居住之叶赫城在今吉林省四平市铁东区（原梨树县）叶赫镇。康熙四十七年（1708），赐进士及第、经筵讲官、户部尚书加六级王鸿绪撰《明珠墓志铭》，追溯纳兰成德父亲明珠祖上的情况，云：

始祖星根达尔汉，灭扈伦国，据其纳兰部，因氏焉；迁业赫河之滨，为业赫国王。

四传至讳太杵者，公高祖也；曾祖讳杨家努，祖讳金太石，考讳倪逯汉。自星根达尔汉至金太石，世为国王，居开原北关，事具《明史》。

赫古城遗址

扈伦国，为元末明初金朝贵族遗裔纳齐布录（那拉氏）所建（在今吉林省中部），接受明朝名义册封，立为塔山卫。业赫河，即叶赫河。

【1】 叶赫河，位于今吉林省四平市铁东区境内，为辽河的三级支流，源出今铁东区石岭子镇十家堡村小河子屯，西南流，横贯叶赫满族镇全境，在杨木林村王家屯出境。出吉林境后，称扣河，入辽宁省开原市界。

由王鸿绪《明珠墓志铭》，我们知道，星根达尔汉的玄孙太杵，是明珠的高祖，太杵之子杨家努是明珠的曾祖，杨家努之子金台吉是明珠的祖父，金台吉之子倪迓汉是明珠的父亲，也就是纳兰成德的爷爷。

**纳兰家族世系**

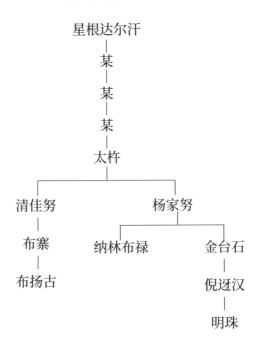

## （二）纳兰家族命运的转折

纳兰家族命运的转折出现于建州女真一代雄主努尔哈赤时期。

努尔哈赤（1559—1626），又作努尔哈齐，爱新觉罗氏，即清太祖。生于建州左卫（今辽宁新宾县西南），袭父职，任建州左卫指挥使。

为了扩充势力，努尔哈赤采用联盟、安抚、攻占的形式，对建州各部落进行控制。在建州女真与叶赫部的战斗中，明珠的祖父金台吉战败，被绞杀；明珠的父亲倪迓汉（金台吉二子，亦写作倪伢韩、尼迓韩）被俘，因家族内部矛盾，被编入包衣佐领——至明珠显贵，方入满洲正黄旗，后授三等副将，世袭佐领之职<sup>[1]</sup>，并累赠光禄大夫；明珠母亲为墨尔齐氏，累赠一品夫人。

金台吉的妹妹孟古哲哲（明珠的姑祖）嫁努尔哈赤（万历四十四年，努尔哈赤建大金国），后生皇太极（皇太极即位，追封孝慈高皇后）。<sup>[2]</sup>故《明珠墓志铭》载："金太石有女弟，作嫔太祖高皇帝，是为高皇后，实生太宗文皇帝。"皇太极之子福临即位，是为顺治皇帝（福临小明珠三岁，实为明珠表弟）。

也就是说，努尔哈赤娶孟古哲哲，明珠家族成为爱新觉罗家族的亲戚；而努尔哈赤攻灭叶赫，爱新觉罗家族又成为纳兰家族的灭国者。

【1】 早期，女真人狩猎，每十丁编为一牛录，集体进行围猎。随着人口的增多，为了便于统兵作战、日常管理，万历二十九年（1601），努尔哈赤对牛录制度进行改革，将每一牛录的规模扩充到三百人，以牛录额真一人统领——天聪八年（1634），改称牛录章京；入关后，复改称佐领。五个牛录编为一个甲喇，设甲喇额真一人；五甲喇编为一个固山，设固山额真一人。也就是说，一个固山（汉语作"旗"）有兵丁七千五百人。最初，努尔哈赤共建黄、白、红、蓝四旗。万历四十三年（1615），在原有的四旗之外，努尔哈赤复增编镶黄、镶白、镶红、镶蓝四旗。除了这些满洲旗人，后来还陆续编定了蒙古八旗、汉军八旗（以关外投降明朝部队编成），此外，还有大量被俘虏兵丁，没为奴隶，供正身旗人役使（旗人偕妻、子、奴仆居住，八旗人数为兵丁数量的三到五倍）。

【2】 天聪十年（1636），皇太极将国名由金改称清，族名由女真改称满洲。

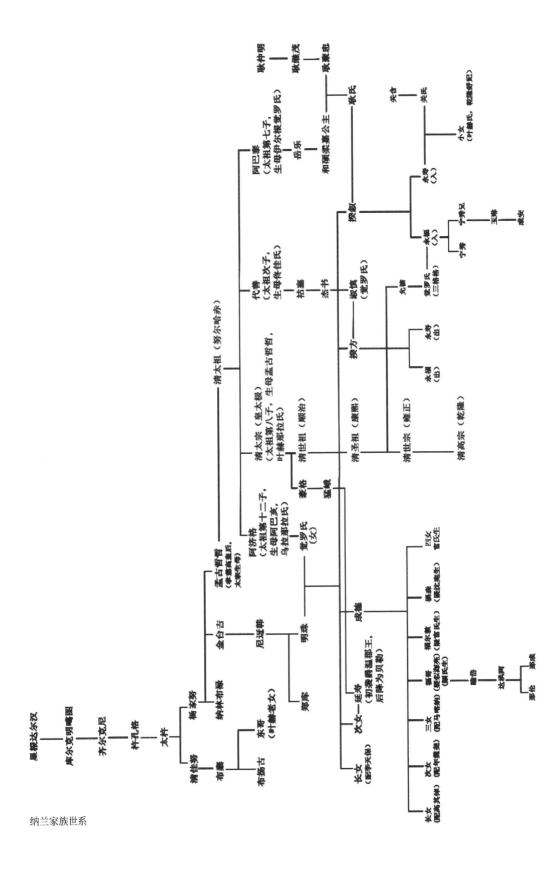

纳兰家族世系

# 二、明珠家族的崛起与康熙朝政治

明珠像

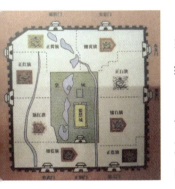

京师八旗分布示意图

## （一）明珠得用于顺治

顺治元年（1644），清军入关。为安置从龙入关的兵丁家属，避免旗民矛盾，实行旗民分治，北京北城安置旗人，移非旗人至南城居住——这即是清代北京商业、娱乐主要集中于前三门（正阳门、崇文门、宣武门）南的原因。八旗人等按方位在北城驻扎生活：每一旗内按满洲、外蒙古、在外汉军分布。

明珠家位于京师北城北部正黄旗的地方，北临德胜门，右前为积水潭（时人称西海），正前临后海（什刹海又分为前海、后海和西海——又称积水潭）靠近净业寺地方。最初的房子是旗人入关后按照旗份和级别分发的。

明珠兄弟四人，长兄郑奎（一般写作郑库）。父亲倪迒汉去世后，郑奎继承了家族世袭的佐领（即牛录章京）一职，后官至资政大夫[1]；明珠是家里的老三，他的二哥、四弟都早岁夭折。

明珠生于天聪九年（1635）十月十日，"幼而颖异"。崇德四年（1639），明珠五岁，母亲病亡；顺治二年（1645），明珠十一岁时，父亲病亡，因此，明珠是由长兄郑库一手抚养长大的。

顺治四年（1647）前后，十三岁的明珠被选为皇帝侍卫，也就是皇帝亲兵——三等侍卫正五品，品级俸禄相当于知州。在清朝，侍卫一般在宫廷园林执勤，并不时奉命办理公务，是旗人通向仕途的一种

【1】 清代官职，为正二品阶，其余还有太子少师，太子少傅，太子少保，内务府总管大臣，八旗副都统，护军统领，专城副都统，前锋统领，护军统领，专城副都统镇守总兵，銮舆使授文为资政大夫、武为武显将军。

捷径。不久，升銮仪卫（皇帝的仪仗部队）满洲治仪正（从四品，相当于知府）。

顺治七年（1650），十六岁的明珠被尚未亲政的顺治皇帝拔为"銮仪卫云麾使"（正四品）。据王鸿绪称，明珠为銮仪卫云麾使时，就已经获得皇帝（十三岁）的信赖，"典章奏参机密矣"——大概称皇帝抵制摄政王多尔衮、欲图亲政事。[1] 明珠的聪颖、与皇帝的感情、受皇帝喜欢程度可见一斑。是年十二月，摄政王多尔衮死于塞北狩猎途中的喀剌城，终年三十九岁。

## （二）明珠的家庭：觉罗氏、成德

顺治八年（1651）正月十二日，顺治帝亲政于太和殿，接受诸王、贝勒、大臣庆贺表文，颁诏大赦。

是年，明珠娶前英亲王阿济格（顺治七年十二月二十六日，议政王大臣会议议阿济格罪，将其幽禁，其子劳亲被革去王爵，降为贝子。顺治八年十月十六日，诸王以阿济格悖乱已极，请即处死。奏入，顺治帝令其自尽，除宗籍，其子劳亲一同被赐死）女觉罗氏为妻。时，明珠十七岁，觉罗氏十五岁。

> 当夫人之于归也，相国初登仕路，夫人削衣贬食，庀治家政，使相国无内顾忧，得以并心一意宣力王事。[2]

三年后，即顺治十一年（1654），十八岁的觉罗氏为二十岁的明珠生下长子——比他的表哥、未来的康熙皇帝（顺治皇帝第三子玄烨，生于顺治十一年三月十八日）小九个月。

明珠为长子取名"成德"。"成德"二字在满文中是"小"的意思，在汉文中则包含了盼望孩子圆满儒家道德的含义。

---

【1】 王鸿绪撰：《明珠墓志铭》。

【2】 唐孙华撰：《皇清诰封太子太师武英殿大学士兼礼部尚书相国纳兰公元配一品夫人觉罗氏墓志铭》。

## （三）康熙皇帝与明珠的仕途

### 1. 稳步上升阶段

顺治十八年（1661），明珠二十七岁，成德八岁。

正月，二十四岁的顺治皇帝驾崩，皇三子玄烨因出过天花（彼时，天花几为绝症，但出过天花，即可实现终身免疫）、聪明隽哲，继承皇位，时年八岁。改明年为"康熙元年"，以索尼（正黄旗）、苏克萨哈（正白旗）、遏必隆、鳌拜（二人属镶黄旗）四人共同辅政。二月，裁撤太监掌管的"十三衙门"，恢复主管皇帝后勤事务的内务府，以二十七岁的明珠为内务府郎中。

随着四大臣辅政而来的，就是各种朝廷事务、人事关系的调整：一是鳌拜主导的党争，一是明珠的崛起。

康熙三年（1664），三十岁的明珠被提拔为内务府总管——一般由皇帝特简任命，为正三品高官。康熙四年，十二岁的康熙皇帝立首辅索尼孙女、议政大臣、领侍卫内大臣噶布喇之女赫舍里氏为皇后（孝诚仁皇后，索尼第三子索额图为康熙朝权臣，皇后为其侄女）。康熙五年（1666）四月，明珠任弘文院学士，正式开始参与国政。时年，三十二岁。

明珠之所以能够得到迅速的提拔，与他的皇亲身份、聪慧能干有着莫大的关系，与其正黄旗的旗籍也有重要关系。

多尔衮摄政期间，极力扶植自己亲领的正白旗。顺治亲政后，则将正白旗收归自己亲领，与两黄旗并称"上三旗"。但是，四大臣辅政期间，两黄旗凭借与皇帝的紧密关系（两黄旗为皇太极亲领之旗），并根据历史上三旗主人间的矛盾与争斗导致的各旗利益矛盾，极力打击正白旗。这种打击的重要表现之一体现在鳌拜等人对辅政大臣正白旗苏克萨哈的攻击上。《清史稿·苏克萨哈传》载：

> 时，索尼为四朝旧臣，遏必隆、鳌拜皆以公爵先苏克萨哈为内大臣，鳌拜尤功多，意气凌轹，人多惮之。苏克萨哈以额驸子入侍禁廷，承恩眷，班行亚索尼，与鳌拜有姻连，而论事辄龃龉，寖

以成隙。

鳌拜仗着自己功大，日渐专权骄横。康熙五年（1666）正月，执意以镶黄旗坏地更换正白旗佳地，在遭到抵制后，竟然矫诏杀大学士、户部尚书苏纳海，直隶、山东、河南三省总督朱昌祚，巡抚王登联；六年，再次矫旨，杀儿女亲家苏克萨哈。鳌拜的不臣之心引起了皇帝、相关人等的愤怒，已经步上了历史上诸多权臣覆亡的道路。

康熙六年（1667）正月，依顺治帝十四岁亲政之例，首辅索尼恭请康熙皇帝亲政，但因鳌拜不愿放弃辅政，多有阻挠，康熙亲政不果。六月二十三日，索尼病故。七月初七日，康熙帝正式亲政，在太和殿受贺，大赦天下。

虽然，皇帝名义上已经亲政，但是，由于中央各权力部门长官多为鳌拜安插，实际上，皇帝仍处在鳌拜集团的包围之下。

康熙七年（1668），三十四岁的明珠奉命与工部尚书马尔赛南下，调查淮扬水患。不久，明珠迁刑部尚书，这已经是从一品的高官。

2. 康熙亲政与明珠崛起

索尼去世后，其三子索额图继承其大学士、辅政大臣之位。

索额图（1636—1703），号愚庵，满洲正黄旗人，大学士索尼第三子（庶子），孝诚仁皇后叔父。索额图初为侍卫，康熙七年（1668），授吏部侍郎（从二品）——时，明珠任刑部尚书。八年（1669）五月，自请解任，效力皇帝左右，复为一等侍卫（正三品）。

索额图之所以解"吏部侍郎"任，而为皇帝侍卫，目的是为保卫皇帝安全、密谋擒鳌拜。

康熙八年（1669）五月，皇帝"以弈棋故，召索相国额图入谋画"，数日后，突然袭击，逮捕鳌拜，将其圈禁，并惩其党羽，玄烨"正式"亲政。八月，索额图升任国史院大学士——是年，皇帝、成德皆十六岁，在传统时代，是男子"成丁"的年龄。

康熙九年（1670），朝廷恢复内阁制度办事，索额图改为保和殿大学士，一直到康熙十九年八月离任；而明珠则加封都察院左都御史、经筵讲官——此段时间前后，明珠为成德在玉泉山建渌水亭别墅，在西直门西北、长河北地方建造桑榆墅。

不过，真正让明珠崛起的，是平三藩（平西王吴三桂、平南王尚可喜、靖南王耿精忠）过程中对康熙皇帝决策的支持。

明朝末年，明军将领吴三桂、尚可喜、耿精忠的祖父耿仲明率众降清，引导清军入关，为清朝的建立、统一立下赫赫战功。其后，平西王吴三桂驻云南，平南王尚可喜驻广东，靖南王耿仲明驻福建——耿仲明死，其子耿继茂继之，耿继茂死，其子耿精忠继之。

康熙十二年（1673）三月十二日，平南王尚可喜因年事已高（尚生于万历三十二年八月初一日，至是年已七十），第十一次疏请归老辽东，由其长子安达公尚之信承袭王爵，留镇广东。

年轻的康熙皇帝渴望建功立业，加强皇权，早有撤藩之意："朕自少时，以三藩势焰日炽，不可不撤。"[1] 因此，他亲政以来，即以处理三藩及河务、漕运为三大事，"夙夜厪念，曾书而悬之宫中柱上"[2]。积极采取措施，准备撤藩。在看到尚可喜的请求撤藩奏疏后，皇帝召集各部臣讨论处理意见。

户部尚书米思翰、兵部尚书明珠、刑部尚书莫洛等力主撤藩。[3] 康熙皇帝遂"决意"撤藩[4]，他在给尚可喜的撤藩谕旨中写道："情词恳切，具见恭谨，能知大体，朕心深为嘉悦。今广东已经底定，王下官兵家口作何迁移安插，户、兵二部会同确议以闻。"[5]

【1】《清圣祖实录》卷九九。

【2】《清圣祖实录》卷一五四。

【3】米思翰（1631—1674），富察氏，满洲镶黄旗人，乾隆孝贤纯皇后祖父。康熙三年（1664），袭父亲世职，管佐领事，康熙六年（1667），升内务府总管。康熙帝亲政后，授予米思翰礼部右侍郎，擢户部尚书，为议政大臣之一。康熙十二年（1673），米思翰力排众议，坚决主张撤藩。"三藩"之乱爆发后，米思翰恪尽职守，尽心筹划清军的粮饷供应，深得康熙赞许，奖奉职恪勤谨大臣，加太子太保。康熙十三年（1674）末，米思翰病故，终年44岁。莫洛，伊尔根觉罗氏，满洲正红旗人，初授刑部理事官，累迁工部郎中，官至刑部尚书、山陕总督、武英殿大学士。吴三桂反，四川提督郑蛟麟响应，皇帝诏王辅臣、张勇统领陕西军务，又以莫洛管理经略事宜，全权调动山西和陕西的兵马。因王辅臣之前和莫洛有过节，莫洛多有掣肘。康熙十三年十二月，因为粮饷马匹分配不公，王辅臣副将邵苓芝领兵冲击八旗军营，仓促中莫洛咽喉中箭身亡。

【4】《清圣祖实录》卷九九。

【5】《平定三逆方略》卷一。

少年康熙像

尚可喜像

五月三日，撤藩诏书送达广州。可喜"拜命之后，即缮书称谢，遂陆续题报启程日期、家口马匹数目"[1]。

跟尚可喜不同，吴三桂、耿精忠二藩本无撤藩之意，听闻朝廷撤藩后，二人也只得上疏朝廷，假意要求撤藩，以试探朝廷态度。

由于吴三桂势力极大，在讨论是否撤除吴三桂时，朝廷里出现了两种截然不同的意见：户部尚书米思翰、刑部尚书莫洛等少数人主撤，兵部尚书明珠赞成[2]，而多数廷臣持相反意见，其中以弘文院大学士图海、索额图等主张最力。在他们看来，吴三桂镇守云南以来，地方安定，现在如将他迁移，即需他处遣兵镇守。兵丁往返，加上平西王及其属下迁移，沿途地方百姓驿站兵丁必然苦累，官兵亦不免骚扰地方，故应令吴三桂继续镇守云南。[3]

由于康熙皇帝早就决议撤藩，故极力支持米思翰、莫洛等人撤藩意见，而兵部尚书明珠对皇帝的站队，为其以后的仕途发展起到了至关重要的作用。

十一月二十一日，吴三桂起兵叛乱。明珠协助皇帝平叛，献计献

【1】《无功垂范》下卷。
【2】《清史稿·明珠传》卷二百六十九。
【3】《清圣祖实录》卷四三。

策，调兵供粮。

康熙十四年（1675）十月初一日，明珠由兵部尚书转吏部尚书，开始主管大清朝的人事任免，明珠身边聚集的大臣越来越多。康熙十六年（1677）七月二十九日，明珠为内阁大学士。

内阁，明太祖朱元璋建立的秘书班子，后地位逐渐上升，负责替皇帝审阅群臣奏章，并提供处理意见。内阁大学士为正二品官，相当于唐宋宰相。[1]世人称明珠为"明相"，即是从此时开始的。

康熙十七年（1678）八月，吴三桂病死，其孙吴世璠（吴三桂子吴应熊次子）继位，退据云南——顺治十年（1653），由孝庄太后主婚，吴三桂长子吴应熊与和硕恪纯长公主成婚，留居京师。康熙十二年（1673）十二月，吴三桂起兵反清消息传至北京，吴应熊被捕入狱，明珠建议将吴应熊并其长子吴世霖处死。康熙十三年（1674）四月十三日，吴应熊、吴世霖处绞。康熙二十年（1681）十月二十九，吴世璠自杀，清军进入昆明，三藩之乱平定，前后历时八年。

其后，明珠又在平定台湾的战争中发挥了重大作用。

顺治十八年（1661），郑成功横渡台湾海峡，翌年，击败荷兰东印度公司在台湾大员（今台湾台南市境内）的驻军，收复台湾，以反清复明为号召，不时侵扰大陆。康熙二十年（1681），台湾形势发生变化，郑成功之子郑经及其重臣陈永华相继去世，重臣冯锡范等人发动政变，刺杀监国郑克臧（郑经长子），立年仅十二岁的郑克塽（郑经次子）为延平郡王，岛内矛盾重重——康熙十三年（1674），耿精忠起兵反清，遣人入台，请求郑军入闽作为援助。郑经西征福建时，册立长子郑克臧为延平王世子，授予监国职务、掌理明郑王朝国政，以陈永华女陈氏许配世子郑克臧，而以冯锡范女冯氏许配次子郑克塽。

康熙二十二年（1683），在内阁学士李光地等大臣的举荐下，在

---

【1】 内阁大学士，官名，明代为正五品，包括中极殿大学士（旧名华盖殿大学士）、建极殿大学士（旧名谨身殿大学士）、文华殿大学士、武英殿大学士、文渊阁大学士、东阁大学士。主要职责包括票拟批答、上传下达等。清初，曾设置内三院（国史、秘书、弘文）大学士，后改为内阁大学士，品级和员额屡经变迁。雍正八年（1730）以后均为正一品，乾隆十三年（1748）以后定为"三殿三阁"（保和、文华、武英三殿，文渊、体仁、东阁三阁）。此外，还有"协办大学士"。由于军机处的设置等因素，内阁大学士的权力有很大下降。

皇帝与明珠的支持下，清朝水师提督施琅在澎湖海战大破郑军，攻占澎湖——施琅（1621—1696），原名郎，字尊侯，号琢公，福建晋江人，为郑成功部将，顺治八年（1651），与郑成功交恶，被夺兵权，遭逮禁，后以计脱逃，降清。康熙元年（1662），迁福建水师提督，后任内大臣，隶镶黄旗汉军。康熙二十年（1681），任福建水师提督，加太子少保，与福建总督姚启圣共谋攻取台湾。康熙二十二年（1683）六月，澎湖海战，利用气候、潮汐，调兵遣将，攻占澎湖，迫郑克塽（郑经之子）以台湾归降。七月初五，郑氏政权书写降表。七月十五日，郑克塽投降施琅，前往京师，后隶属汉军正红旗。

郑氏投降后，关于台湾的处置方式又成为朝廷争论的焦点：内阁学士李光地等人认为，驻官、军于台湾，徒增朝廷财政负担，无利可图，主张弃守台湾；施琅等人则从大战略角度指出必须坚决固守台湾，明珠积极支持施琅建议，并得到康熙的支持。此后，朝廷设台湾府，隶福建省。

3. 明党与罢相

从康熙十四年（1675）十月明珠为内阁大学士至康熙二十七年（1688）明珠罢相，期间十三年，明珠具有了在朝廷中的超级发言权，其身边聚集的大臣比以前更多，逐渐形成了所谓的"明党"；并与索额图（康熙孝诚仁皇后叔父、太子胤礽舅爷）为首的"索党"（武英殿大学士熊赐履与索额图为莫逆之交），相当时间内支配了康熙中叶政治。当时，京城官场流行"要当官，找索三；要人情，拜老明"的说法。二人势力可见一斑。康熙十九年（1680）八月，索额图罢相。

成德的座师徐乾学本为明珠一党，索额图罢相后，与明珠的亲信武英殿大学士余国柱、吏部尚书科尔坤、户部尚书佛伦先后发生龃龉，并在辅导皇太子读书问题上，与明珠的对手东阁大学士熊赐履、江苏巡抚汤斌私交甚好，来往密切，引起明珠忌恨，以致反目成仇，复又形成"南北党争"。康熙二十七年（1688），左都御史郭琇弹劾明珠、余国柱背公营私。明珠罢相。时，五十四岁。

实际上，皇帝对索额图、明珠等人极为信任，只不过不想让群臣在政治上过于依附某人，形成尾大不掉之势：罢相后，索额图、明珠先后起用为领侍卫内大臣（管理皇帝侍卫官员），仍为正一品。康熙四十二年（1703）五月，索额图因参与皇太子胤礽谋反，被幽禁于宗人府，同年九月，被康熙帝赐死于幽禁禁所，享年67岁。

明珠罢相后，于康熙皇帝御园畅春园西、六郎庄北建自怡园。[1] 揆叙、揆芳老师查慎行在《自怡园记》中写道：

> 相国明公之园，在苑西二里。其初，平壤也，海淀之支流经焉。度地于丁卯春。余时假馆邸第，公邀余出郭，畚锸之众，错趾于畎沟禾黍间。凿地导川，积土成阜，涧溪流而沼沚淳，规模初具也。

丁卯，即康熙二十六年（1687）。康熙曾亲临其园。

明珠还为揆芳夫妇在水磨村（今清华大学西门西北一带）修建有园林。汪师韩《含青园赋》（《上湖文编补钞》卷上）载："'水态含青近若空。'园名应取于此，园内一水环绕故也。唐东江挽揆恺功诗云：'可怜水磨好园林。'即此地。"康熙四十六年（1707），皇三子胤祉在《奏请指定建房地折》中写道："今臣胤祉我买得水磨闸东南明珠子奎芳（揆方）家邻接空地一块。看此地方，距四阿哥建房一带近，且地处现开浚新河南岸，系皇父游逛之路。地亦清净，无一坟冢。"

康熙三十三年（1694）八月，明珠夫人觉罗氏卒，年五十八。康熙四十七年（1708）四月十七日，明珠亡，享年七十三岁。夫妻俱葬于京北皂甲屯纳兰家族祖茔（今北京市海淀区上庄皂甲屯西，明珠其父倪迓汉始葬于此）——皂甲屯也写作皂荚屯、皂角屯。

---

【1】 畅春园位于今北京大学西门外，明末为万历皇帝外祖父武清侯李伟清华园，入清后，为肃亲王豪格家族所有，康熙二十年前后，豪格孙丹臻将其献给皇帝，修缮改造为皇家园林，赐名畅春园，由曹雪芹舅舅祖任总管；后又由曹雪芹祖父、内务府会计司郎中曹寅在畅春园西监修西花园（今海淀公园位置）。明珠自怡园概位于西花园西北（今颐和园管理处一带），距离畅春园三里左右。

4. 明珠、安尚仁、纳兰家庙

明珠为人谦和，豪爽好士，挥金如土。其财产除了入关初的家族赐田、他人请托所奉钱财外，主要来自于家人的额外经营。

安尚仁，一称安三，朝鲜人，大概清军入朝时（天聪元年、十年两征朝鲜）被俘为奴，分配到明珠属下。其人头脑颇好，里外都是一把好手，行事很合明珠心思，深得信任。萧奭《永宪录》卷四"雍正四年"载：

> 安图之父安三，当明珠为相时甚用事，圣祖洞鉴珠令潜处扬州、挟巨赀、行江西吉安等四府三十万引盐。

随着自己钱财的增多，安尚仁自己也广置产业，与明珠分宅而居。

安家在什刹海后海箸儿胡同（今孝友胡同），与明珠府邸相邻，安尚仁每天到府里伺候。成德曾对友人姜宸英言："吾父信我，不若信吾家某人。"[1] 某人，指的就是安尚仁。

纳兰家族墓东还建有东岳庙、龙母庙、真武庙等寺观。明珠生前，本想加以修缮，因政务烦琐，而未能顾及，迨其将死，嘱安尚仁为之修缮。其后，安尚仁不仅修缮三庙，还修建了来往的桥梁，并于康熙五十九年（1720）九月请进士、翰林院王时鸿撰写了《重修榆河乡东岳行宫碑记》。

---

[1] 葛虚存编：《清代名人轶事·学行类》卷六。

# 三、纳兰成德的生平与家庭

## （一）纳兰成德的生平

　　纳兰成德生于顺治十一年（1655）十二月十二日，卒于康熙二十四年（1685）五月三十日，虚岁三十二岁，实际存年三十一年半。

　　成德短短三十来年的生命、学养，大约可以分为三个阶段：成长期（中进士之前）、有成期（征召博学鸿儒前）、大成期（病逝之前）。

纳兰容若像

　　顺治十六年（1659），纳兰成德六岁，当于是年开蒙受学——明清时代，条件具备家庭男童一般六岁开蒙受学，特别聪明男童或可早至四岁。康熙六年（1667），成德十四岁。是年七月，康熙皇帝亲政，山东平原人董讷中进士。成德与董讷相交，得董讷指教，学业大进。[1]

　　康熙八年（1669），成德十六岁。按照惯例，算已成丁。是年五月，皇帝擒鳌拜，真正亲政。康熙十年（1671），成德十八岁，入国家最高学府国子监受学[2]，受到国子监祭酒徐元文（江苏昆山人，顺治十六年状元）的赏识。

　　康熙十一年（1672）八月，纳兰成德参加

---

【1】　董讷，字兹重，号默庵，山东平原县人。康熙六年（1667）进士，授翰林院编修，累官都察院左都御史。康熙十一年（1672），出任云南乡试主考官。后升至江南总督、漕运总督。董讷处事待人峭直、沉稳，以高风亮节著称于世，有《柳村诗集》。

【2】　国子监，一名太学，建于京师，是全国最高教育管理机关。晋武帝司马炎始设国子学，至隋炀帝时，改称国子监。清代，国子监总管全国各类官学（宗学等除外），设管理监事大臣一员，满、汉祭酒各一员，满、蒙、汉司业各一员，另设监丞、博士、典簿、典籍等学官。入监肄业的有贡生（即"贡监"，包括岁贡、恩贡、副贡、拔贡、优贡、例贡）、监生（恩监、优监、荫监、例监）、官生（七品以上官子弟之聪敏好学者）、经提学官考选提拔的廪增附生及满洲勋臣子弟、先贤后裔等。

顺天府乡试[1]，中举人。正副主考官为德清蔡启僔、昆山徐乾学。成德遂与徐氏结下师生之谊——徐乾学为徐元文长兄。次年（康熙十二年），成德参加会试[2]，却因身患寒疾，未参与殿试（皇帝亲自考试）。五月，学于徐乾学，始校刻《通志堂经解》；读书于渌水亭别墅，始作《渌水亭杂识》。

康熙十三年（1674），成德二十一岁，娶前广东总督卢兴祖之女卢氏为妻。五月初三，皇二子（康熙皇帝嫡长子）保成生——康熙皇帝长子名胤禔（乳名保清）生于康熙十一年（1672）二月十四日午时，生母为惠妃乌拉那拉氏，排行第五，但因康熙帝前四子皆幼年夭折未序齿，故为皇长子。康熙十四年（1675）十二月十三日，保成被立为皇太子，为了表示尊重，成德避其名讳[3]，改名为性德。

康熙十五年（1676），年初，太子保成更名"胤礽"，成德仍改本名成德。因"性德"二字，成德使用时间极短，现未见其署名"性德"的任何文字。是年，成德二十三岁，四月二十一日参与殿试，中第二甲第七名进士，在清初满洲人中极为少见。春夏间，江苏无锡人、著名词人顾贞观入京，时四十岁，与成德结为密友，诗词唱和，成德在京师文人中声望大涨。成德将词作结为《侧帽词》，刊刻行世；并与顾贞观选编、刊刻《今词初集》。

康熙十七年（1678），成德二十五岁。是年正月，朝廷征召天下博学鸿儒。十七日，顾贞观南返，为成德刻《饮水词》。夏秋间，博学鸿儒多至京师。七月二十八日，成德葬妻子卢氏于皂甲屯家族墓地。

【1】 乡试，中国古代科举考试之一。唐宋时称"乡贡""解试"。由各地州、府主持本地人考试，一般在八月举行，故又称"秋闱"。明、清两代定为每三年一次，在各省省城（包括京城）举行，凡本省生员与监生、荫生、官生、贡生，经科考、岁科、录遗合格者，均可应试。逢子、午、卯、酉年为正科，遇庆典加科为恩科，考期亦在八月。各省主考官均由皇帝钦派。中试称为"举人"，第一名称"解元"，第二名称为亚元，第三、四、五名为经魁，第六名称为亚魁。中试之举人原则上即获得了选官的资格。凡中试者均可参加次年在京师举行的会试。

【2】 会试，科举考试方式之一，为较乡试高一级、较殿试低一级的考试。因士子会集京师参加考试，故名。又因在春季由礼部主持，亦称"春闱""礼闱"。录取者称贡士，第一名称"会元"。贡士即可参与其后由皇帝主持的殿试，授予名次后，分官使用。

【3】 避讳，旧时为维护圣贤、皇帝等人尊严，说话作文时，遇到圣贤、君主或尊亲名字，不直接说出或写出，或者改相近音，或写名字缺笔、代以他字。但是，除了圣贤、朝廷既有皇帝（国讳）名字，人人需避外，家族尊长名字，本家人避讳，其他人是否避讳，视各人心态。

徐乾学像　　　　　　　　　顾贞观像

　　是年，成德始任侍卫，入御马厩。

　　康熙十八年（1679）八月二十八日，京师大地动。成德"侍上西苑，上仓促有所指挥，君奋身为僚友先。上叹曰：'此富贵家儿，乃能尔耶！'"自此以后，成德受到皇帝的极度信任。

　　康熙十九年（1680），成德二十七岁，续娶清初名臣、直义公费英东之后官氏——即瓜尔佳氏，满洲正黄旗人，一等公、领侍卫内大臣朴尔普之女。

　　其后，成德多随皇帝巡幸各地。辛苦护卫、奔走之外，也极大地扩展了自己的视野、胸襟，为诗词文创作提供了绝佳的素材：康熙二十年（1681），三藩平，十一月下旬至十二月初，成德随皇帝谒顺治皇帝孝陵。康熙二十一年（1682）二月至五月间，康熙东巡，成德父子、翁婿随驾。九月至十一月，成德随出使梭龙——索伦部，分布在西起石勒克河以及外兴安岭、东至黑龙江北岸支流精奇里江一带的达斡尔、鄂温克和鄂伦春——实际上，是借了解索伦部，了解入寇的俄罗斯人。康熙二十二年（1683）九月，成德侍卫康熙皇帝巡五台山。十月，成德奉命出使西域——今北疆、内外蒙古一带。康熙二十三年

西苑中海 　　　　　　　北京宋庆龄故居（原明珠宅、醇亲王奕谡府）内水轩

（1684）暮春，成德归京师，陛见，奏出使事。九月，陪皇帝南巡江浙。十一月，成德随皇帝到达江宁，适江宁织造曹玺丧，往慰好友曹寅，并允为题《楝亭图》。

康熙二十四年（1685）初，成德作《满江红》，跋曹寅的《楝亭图》。五月三十日，成德卒，得年三十二岁。皇帝念其觇梭龙功，赠一等侍卫。葬皂甲屯祖茔。

## （二）纳兰的家园与家人

成德德胜门内家宅位于京师西北角，这一区域遍布四合院、旗营排子房，旗民不通婚，旗人婚姻多在旗内进行，居民多为亲戚朋友——清初旗民曾有通婚，但人数不多。成德家宅前为什刹海，右前方即是积水潭。岸上寺观遍布，杨柳依依，稻田阡陌；水中莲花、游鱼，山光水色，渔舟唱晚，素来为京师游览吟咏胜地。

玉泉山脚下

成德《茅斋》诗记其家中小筑云："我家凤城北，林塘似田野。蘧庐四五楹，花竹颇闲雅。"

大门外的积水潭湖中建有渌水亭，湖岸上寺观林立，杨柳低垂，还种植大面积的水稻。夏秋时候，景色极为漂亮，令人心旷神怡，是文人雅士京师雅集、闲游的最主要区域之一。成德《渌水亭》诗云："野色湖光两不分，碧云万顷变黄云。分明一幅江村画，着个闲亭挂夕曛。"[1]

京师之外，纳兰家族在玉泉山下建有渌水亭别墅。乾隆时，吴长元《宸垣志略》卷十四载："渌水亭在玉泉山麓，大学士明珠别墅，子侍讲成德尝于此著《大易集义粹言》。"明言渌水亭为"明珠别墅"，且成德在此作《大易集义粹言》。

明珠又在西直门西北作桑榆墅（位于今中国人民大学南部），南

【1】 纳兰成德：《通志堂集》卷五。成德二弟揆叙后来作的《禾中，留别竹垞先生，得五百字》中则云："门前渌水亭，亭外泊小船。"

紫竹院公园南门内双林寺旧影

距白石桥、明朝大太监冯保的双林寺、魏公村不过三四里。明珠在京北皂荚屯的家族墓园有阴阳宅，阳宅建有花园。

明珠夫妇共生育有三子、三女：成德、长妹、二妹、三妹、揆叙、揆芳。王鸿绪《明珠墓志铭》叙明珠三女结局云："女三人：长适一等伯李天保；次适哆罗贝勒延寿；次先卒。"李天保，清初开国功臣李永芳孙。哆罗，即多罗。延寿，一作延绥，温郡王猛峨（肃武亲王豪格第五子）二子，康熙十七年（1678），袭郡王。

成德生于顺治十一年（1655）十二月十二日，揆叙生于康熙十三年（1674）二月二十四日（小成德二十岁），揆芳生于康熙十九年（1680）四月二十四日，则成德的三个妹妹当生于康熙初到康熙十年间。

成德关怀家人，以儒家伦理对待家人。徐乾学《皇清通议大夫一等侍卫进士纳兰君墓志铭》称："容若性至孝，太傅尝偶恙，日侍左右，衣不解带，颜色黝黑，及愈乃复初。太傅及夫人加餐，辄色喜，以告所亲。友爱幼弟，弟或出，必遣亲近僮仆护之，反必往视，以为常。"[1]

成德妻、子的情况，徐乾学在《纳兰成德墓志铭》中也有交代："配卢氏，两广总督、兵部尚书、都察院右副都御史兴祖之女，赠淑人，先君卒；继室官氏，光禄大夫、少保、一等公朴尔普女，封淑

---

[1] 徐乾学：《皇清通议大夫一等侍卫进士纳兰君墓志铭》。

人。"康熙四十七年（1708）王鸿绪作《明珠墓志铭》则云：

> 孙五人：长福哥，早卒；次富尔敦，康熙三十九年进士；次福森，皆性德出；次永寿，次永福，皆揆方出。孙女四人：长适翰林院侍讲高其倬，次适翰林院侍讲学士年羹尧，次适马喀纳，皆先卒，次未字，皆性德出。曾孙一人孝哥，福哥出。

按，成德有一妾颜氏，先后二夫人：卢氏、官氏（瓜尔佳氏）。康熙八年（1669）前后，纳兰收家内包衣女颜氏为妾，颜氏生长子富格。康熙十三年（1674），成德二十一岁，娶卢氏（十八岁）。康熙十六年（1677）五月三十日，卢氏病逝。[1] 康熙十九年（1680），成德二十七岁，续娶官氏——成德四女系颜氏、卢氏、官氏三人所生。官氏生子富尔敦，后康熙三十九年（1700）中进士。

此外，康熙二十三年（1684），成德三十一岁，年末，纳常熟女伎沈宛为妾。沈宛能诗，有《选梦词》。康熙二十四年（1685）五月三十日，成德卒。秋，沈宛生富森（即徐乾学所谓的纳兰遗腹子）。徐树敏、钱岳《众香词》选有沈宛词，作者小传云："适长白进士成容若，甫一年，有子，得母教《选梦词》。"可知沈宛并富森情况。

成德长子富格娶觉罗氏、裴氏，卒于康熙三十九年（1700）正月，享年二十六岁。裴氏生子瞻岱，瞻岱后累官至直隶总兵（绿营最高长官，正二品）。

---

[1] 成德《沁园春·丁巳重阳前》序云："丁巳重阳前三日，梦亡妇淡妆素服，执手哽咽，语多不复能记。但临别有云：'衔恨愿为天上月，年年犹得向郎圆。'妇素未工诗，不知何以得此也，觉后感赋。"卢氏去世后的第三个月，即重阳前三天的八月五日夜，成德梦到卢氏。见卢氏"淡妆素服，执手哽咽"，临别时说："衔恨愿为天上月，年年犹得向郎圆。"

## 成德家族成员情况

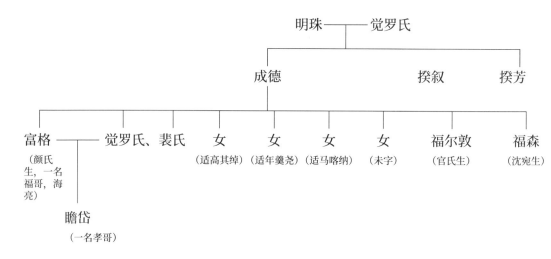

明珠 —— 觉罗氏

成德　　　　　　揆叙　　揆芳

富格 —— 觉罗氏、裴氏　女　女　女　女　福尔敦　福森

（颜氏生，一名福哥，海亮）

瞻岱
（一名孝哥）

（适高其绰）（适年羹尧）（适马喀纳）（未字）（官氏生）（沈宛生）

# 四、成德的交游、学养与纳兰词

## （一）成德的为人

成德天性聪颖，学问扎实，为人稳重，虽有佐天子的心愿，却对功名利禄并不甚上心。徐乾学谓成德："尝读赵松雪自写照诗有感，即绘小像仿其衣冠，坐客或期许过当，弗应也。余谓之曰：'尔何酷类王逸少？'容若心独喜。"王逸少，即东晋名士、大书法家王羲之，以东床袒卧的风度著称当世、后世。

成德不但是超逸的文人，更是能事的士人，其"料事屡中，不肯轻与人谋，谋必竭其肺腑"；其行政，"在上前，进反曲折有常度。性耐劳苦，严寒执热，直庐顿次，不敢乞休沐自逸，类非绮襦纨绔者所能堪也"。[1] 行事有度，毫无一般文人的轻浮。

成德的同年韩菼在《进士一等侍卫纳兰君神道碑》中亦称：

> 上有指挥，未尝不在侧，无几微毫发过。性周防，不与外庭一事；而于往古治乱、政事沿革兴坏、民情苦乐、吏治清浊、人才风俗盛衰消长之际，能指数其所以然，而亦不敢易言之。窥其志，岂无意当世者？！

"窥其志，岂无意当世者？"虽是问句，却是陈述。

成德死后，其同年进士顾泲（字伊在，号芝岩，累官至河南巡抚）《挽同年成容若》对成德生平、人品叙述、评价非常到位：

> 蓝田玉，美如是。
> 棠豀剑，利无比。
> 宝气销沉山谷空，海内识者三叹起。
> 吁嗟乎！成君不凡才，盛世佳公子。
> 簪绂场中岩穴心，夔龙队里黄绮侣。
> 高门厌粱肉，丙夜耽书史。
> 冰雪聪明月入怀，苦吟不解蓬枢士。

[1] 徐乾学：《皇清通议大夫一等侍卫进士纳兰君墓志铭》。

每向花间品弈棋，时抚丝桐辨宫徵。
学书运腕得古意，笔阵排空云落纸。
鸡坛振翮摩丹霄，萤案研经曳青紫。
国桢岂宜置散地，简畀近侍去天咫。
内殿常分玉椀珍，上林诏许驰騄駬。
列钩陈，随豹尾，北逾绝塞南江沚。
赋诗佐酒望云亭，湛恩优渥殊未已。
功业凌烟指顾间，钟鼎旂常窃所拟。
岂期人琴两寂寞，文采风流逝波委。
梁夷门，冠盖里，车骑雍容今邈矣。
郑驿谁能接上宾，虚堂形影空几履。
矧余同榜相周旋，旷怀逸致心独韪。
踪迹虽疏情自亲，古道深交淡如水。
金淀萧飒丘陇高，白杨树下悲风靡。
二丸跳掷笼中鸟，乾坤轮轴何终始。
君骑箕尾游八荒，归根寥廓无泥滓。
楚声作歌一听之，知与不知尽伤俍。[1]

赞成德出身豪门，多才多艺，身在官场，因公务，足迹遍布南北，备受皇帝宠信，却心系归隐；感慨其死后情景与二人情谊。

## （二）纳兰的文友交往

纳兰成德好文，少与人交，唯特好杰出文士。纳兰的文人好友分作两类：一种是八旗文士，另一类是非旗人文士，以江浙知识分子为主。

其八旗文士好友主要有张纯修（字子安，号见阳）、曹寅（字子清，号楝亭），皆内务府正白旗汉人包衣。

成德与张纯修相识于国子监，与曹寅相识于顺天乡试。成德与张纯修的交往更多地聚焦于文玩方面的往来——纳兰成德的不少字画是张纯修转让给他的——而其与曹寅之间的往来则更多地体现为日常工作方面（最初，纳兰以侍卫身份当差于御马厩、曹寅以侍卫身份当差

---

【1】 顾沆：《凤池园诗集》卷二。

纳兰成德宗族北京碑刻文物史料

于鹰狗监）的交往。成德死后，张见阳整理了成德的遗作，以《饮水诗词集》之名刊刻；而其"每画兰，必书容若词"。盖以兰之清洁比成德之品性。曹寅为见阳的《墨兰图》题《墨兰歌》，"为见阳太守赋，见阳每画兰，必书容若词"，其中特意点出这一点："张公健笔妙一时，散卓屈写幽兰姿。太虚游刃不见纸，万首自跋那兰词。"[1] 那兰，即纳兰、那拉。

康熙三十四年（1695），成德去世十年时，曹寅、庐江太守张见阳、江宁知府施世纶相聚江宁织造府，见阳绘《楝亭夜话图》，曹寅题词中想念成德，写道：

> 忆昔宿卫明光宫，楞伽山人貌姣好。
> 马曹狗监共嘲难，而今触痛伤枯槁。
> 交情独剩张公子，晚识施君通纻缟。
> 多闻直谅复奚疑，此乐不殊鱼在藻。

又云："家家争唱《饮水词》，纳兰小字几曾知？"[2] 成德、见阳、曹寅的兄弟情义，虽少见于生前文字，但由此可见一斑。

成德与汉人文士交往很多，较早的是康熙六年进士山东人董讷（1639—1701）。纳兰成德死后，董讷为其作《诔词》，云："二十年前，余在编翰……时，公方成童舞象，固已嵚崎不群，相与纵谈汉魏，不以东海之士为孤僻而略之也。"成德与当时的诗坛领袖山东人王士禛、诗坛名士曲阜人颜光敏、宣城名士高咏均有交往。

成德来往更多的多是江浙一带文人。其中，最为亲近的江南文士非无锡人顾贞观莫属。

顾贞观（1637—1714），字华峰、华封，号梁汾，江苏无锡人。康熙十五年，经国子监祭酒徐元文推荐，顾贞观入明珠府西席，遂得与成德交。顾贞观之入明府，不仅为谋食，更为谋救好友吴兆骞。

成德与顾贞观不仅为人气味相投，且二人皆服膺北宋天然清丽的

---

【1】 曹寅：《楝亭诗抄》卷四。
【2】 曹寅：《楝亭诗抄》卷二。

词作、词风，这就使得二人交往很能交心。顾贞观给成德写的《祭文》中写道："若尔汝形忘，晨夕心数。语惟文史，不及世务。或子袭而我复，或我觞而子举。君赏余《弹指》之词，我服君《饮水》之句。"

成德家族桑榆墅内有三层高楼，二人常登高远望，高谈阔论。其时情景，《清稗类钞》载：

> 容若风雅好友，座客常满，与无锡顾梁汾舍人贞观尤契，旬日不见则不欢。梁汾诣容若，恒登楼去梯，不令去，一谈则日夕。

某次，傍晚时分，成德、贞观二人登楼，极目而望，不禁感慨。成德遂有《桑榆墅，同梁汾夜望》。顾贞观《弹指词》押末之篇为《大江东去·魏荆州亮采世兄招集黄鹤楼，蒋驭鹿、朱悔人、华子山诸君同赋坡公原韵》，系成德卒后，顾贞观南返与友人集会作，落句有"等闲辜负，第三楼上风月"，自注云："呜呼！容若已矣，余何忍复拈长短句乎？是日狂醉，忆桑榆墅有三层小楼，容若与余昔年乘月去梯，中夜对谈处也。因喻此调，落句及之。"成德为皇帝侍卫后，忙于当差，不能随心聚会，不免感慨、回忆这段经历说："日值驭院，每街鼓动后，才得就邸。曩者，文酒为欢之事，今只堪梦想耳。"

除顾贞观外，与成德交好的江浙文人还有徐乾学、朱彝尊、姜宸英、严绳孙、吴兆骞等人。徐乾学云：

> 君所交游皆一时俊异于世所称落落难合者，若无锡严绳孙、顾贞观、秦松龄，秀水朱彝尊，慈溪姜宸英尤所契厚。吴江吴兆骞久徙绝塞，君闻其才，力赎而还之。坎坷失职之士走京师，生馆死殡，于赀财无所计惜，以故君之丧，哭之者皆出涕，为挽辞者数十百人，有生平未识面者。[1]

姜宸英（1628—1699），字西溟，浙江慈溪人。长成德二十八岁，山水笔墨遒劲；精于鉴赏，名重一时。康熙十二年（1673），姜

---

[1] 徐乾学：《皇清通议大夫一等待卫进士纳兰君墓志铭》。

罗聘绘制《王渔洋朱彝尊合像图》（大英博物馆）

宸英与成德在徐乾学处结识，遂成莫逆。朱彝尊（1629—1709），字锡鬯，号竹垞，浙江秀水（今浙江嘉兴市）人。博通经史，诗词俱有大名；精金石文史，嗜古籍图书，为清初著名藏书家之一。严绳孙（1623—1702），字荪友，号秋水、勾吴严四，晚号藕荡渔人，无锡县胶山（今属东北塘乡）严埭人，以诗词书画闻名于时。秦松龄（1637—1714），字汉石、次椒，号留仙、对岩，江苏无锡人，顺治十二年（1655）进士，博学多才，雅好灯谜，与严绳孙、王士禛相善。吴兆骞（1631—1684），字汉槎，号季子，吴江松陵镇（今属江苏苏州）人。长顾贞观六岁，少有才名。因受顺治十四年（1657）八月江南乡试贿选案牵连，家产籍没，流宁古塔。至康熙十五年（1676），顾贞观结识成德时，吴兆骞已经出关十八年。好友顾贞观为他求援于成德，成德许诺助吴归京。在纳兰与文士的交往活动中，颇有符号性意义的当属康熙十七年（1678）夏的渌水亭雅集。

康熙十七年夏，纳兰在家门外的渌水亭召集友人雅集宴饮，称"渌水亭宴集"。朱彝尊、秦松龄、严绳孙、姜宸英、陈维崧、汪楫、张见阳等十人与会。除成德、见阳为京师旗人外，余者基本都是江浙一时文人名流。[1]

与会诸人诗酒唱和，会后，将各人赋诗结集，成德为作序言。在诗序中，成德指出，此次作诗"宁拘五字七言，不论长篇短制，无取铺张学海，所期抒写性灵云尔"——"抒写性灵"正是成德诗词创作中一贯坚持的原则。终席，又有人绘《渌水送别图》，以志纪念——此图后为索额图女婿、诗人李锴所得。李锴《睫巢后集》中有《题〈渌水送别图〉》诗，题下注云："图有诗，凡十一人：严绳孙、陈其年、汪舟次、朱竹垞、姜西溟诸君作。"

由于与会者多为一时名士，加之成德在文学史上重要的地位，渌水亭这样一次并不特殊的清初文人集会，备受后人的关注，在清代文

【1】 梁佩兰：《六莹堂集·二集》卷四《题顾梁汾所藏楞伽山人遗迹，寄纳兰侍读恺功》云："吁嗟斯人不可见，流光倏忽如虹电。回忆从前十九年，通志堂中集名彦。"上海古籍出版社1983年版。

学史、北京史中具有特别的符号性意义。

在纳兰等人的帮助下，康熙二十年（1681）十月，吴兆骞归京，在明珠家教授成德二弟揆叙，与成德多有交往。

## （三）纳兰的学养与著述

纳兰成德自幼聪慧，早受满汉方面（经史子集、骑射礼仪）扎实细致的教育。成德"肆力经济之学，熟读《通鉴》及古人文辞"。

所谓经济之学，即经世济民、安邦定国之学，如"四书五经"、兵法、地理、农学、水利之类。《通鉴》，即宋司马光编纂的《资治通鉴》，大型编年体史书，为皇帝浏览历代得失、辅助治国的必读之书，历来受到政治家的重视。古人文辞，即汉魏诗文、唐宋散文等——古人以文章为"载道"之器，故重视古文辞的学习。

成德对经典之首的《周易》，对《大学》《礼记》等儒学经典极有兴趣。康熙十六年（1677），成德二十三岁，选集宋元以来十八家"注易"著作观点，编著为《合订删补大易集义粹言》八十卷（简称《大易集义粹言》）——后附刻于《通志堂经解》；又撰有《删补大学义粹言》《陈氏礼记集说补正》等，都是平日读书，或者不惬于心，或者颇有发现，随时著就的。乾隆时期，《大易集义粹言》《陈氏礼记集说补正》等都被收录入《四库全书》。《四库提要》评价《陈氏礼记集说补正》言：

> 清朝纳喇性德撰。性德有《删补合订大易集义粹言》，已著录。是编因陈澔《礼记集说》疏舛太甚，乃为条析而辨之。……凡澔之说，皆一一溯其本自何人，颇为详核，而爱博嗜奇，亦往往泛采异说。……凡斯之类，皆征引繁富，爱不能割之故。然综核众论，原委分明，凡所指摘，切中者十之八九。[1]

纳喇，亦写作纳腊，即纳兰。四库臣评价《陈氏礼记集说补正》

---

[1] 纪昀：《四库提要》，全称《四库总目提要》。

云："然综核众论，原委分明，凡所指摘，切中者十之八九。"由四库臣对成德作品的评价，可知成德学问广博明辨。成德后为皇帝侍卫，从容应对、进退自如概出于学问、天性。

成德好藏书（以儒家经典为主），不仅自己大力购买，还委托友人朱彝尊、秦松龄在南方购置。后来，看到座师徐乾学的藏书并经解（提要），纳兰合以自己藏书（书房原名花间草堂，改名为通志堂），皆作经解，于康熙十九年（1680）开始陆续以《通志堂经解》名义刊印。成德《通志堂经解》序云：

> 经之有解，自汉儒始，故戴礼著经解之篇。……惜乎其书流传日久，十不存一二。余向属友人秦对岩、朱竹垞购诸藏书之家，间有所得，雕版既漫漶断阙，不可卒读，抄本讹谬尤多，其间完善无讹者又十不得一二。间以启于座主徐先生，先生乃尽出其藏本示余小子，曰："是吾三十年心力所择取而校定者。"余且喜且愕，求之先生，抄得一百四十种：自《子夏易传》外，唐人之书仅二三种，其余皆宋元诸儒所撰述，而明人所著间存一二。请捐赀经始，与同志雕版行世。

自康熙十二年开始，进行图书刊刻；至十九年，主体刊毕。[1]

成德还深通《左传》（证孔子《春秋》，以明《春秋》大义、治世得失）、酷好《离骚》（战国屈原作，气节忠贞，想象瑰丽），他甚至以二书作为排遣之法，在他致友人的信函中写道："日夕读《左氏》《离骚》，余但焚香静坐。"徐乾学说成德："间尝与之言往圣昔贤修身、立行及于民物之大端，前代兴亡理乱所在，未尝不慨然以思。读书至古今家国之故、忧危明盛、持盈守谦、格人先正之遗戒，有动于中，未尝不形于色也。"

成德对诗歌的态度，反映在他的《原诗》中。针对清初诗坛的宗唐、宗宋之分，成德写道：

> 其始亦因一二聪明才智之士深恶积习，欲辟新机，意见孤行，排

---

[1] 成德死后，徐乾学继续进行校订刊刻，至康熙三十一年，《通志堂经解》全部刊完。《通志堂经解》收录先秦、唐、宋、元、明时期"经"解138种，纳兰性德自撰两种，计1800卷。一经问世，即引起重视。从内阁武英殿到厂肆书籍铺，一版再版。

众独出，而一时附和之家吠声四起，善者为新丰之鸡犬，不善者为鲍老之衣冠，向之意见孤行排众独出者又成积习矣。盖俗学无基，迎风欲仆，随踵而立，故其于诗也，如矮子观场，随人喜怒，而不知自有之面目，宁不悲哉？！

也就是说，任何新说的倡导者，都是苦于当时的"积习"，而为新说，但是，社会大众往往不知所以，便加附和，"吠声四起"，学得好的，得其形似；学得不好的，如同傀儡。即学诗不在于宗唐还是宗宋，问题在于"俗学无基""不知自有之面目"：

> 有客问诗于予者，曰："学唐优乎，学宋优乎？"予曰："子无问唐也、宋也，亦问子之诗安在耳？"《书》曰："诗言志。"虞挚曰："诗发乎情，止乎礼义。"此为诗之本也。未闻有临摹仿效之习也。

随后，成德又借客问，提出一个极其辩证的问题，既然需要诗从心出，就不能模拟任何前人；对于如何学习前人，成德也提出了自己的看法："杜老不云乎：'别裁伪体亲风雅，转益多师是汝师。'凡骚、雅以来，皆汝师也。今之为唐、为宋者皆伪体也，能别裁之，而勿为所误，则师承得矣！"此与禅宗六祖慧能论见性与读《法华经》的关系相同。亦可见成德见识之高，为诗之风。

成德善书，与善书的严绳孙、高士奇诸子友善，曾考书法源流，作《原书》，言其对书法的看法，认为"天分""兴会"是书法高境界的根本："予笃好书，每谓书有天分，而非尽关乎仿效；书有兴会，而不必出乎矜持。"

成德好收藏，不仅收藏书籍，也收藏书画文玩。成德本喜书画，又有张见阳、朱彝尊、严绳孙、姜宸英等能书善画之士为之搜罗，父亲在费用上给予方便，陆续得到不少珍品书画。当今可知者十数：如魏曹植书《丰乐碑墨迹》。舒仲山（乾隆末，宗室、闽浙总督伍拉纳次子）《批本随园诗话》"批语"载："余见曹子建自书《丰乐碑墨迹》，半隶半真，成容若家藏物也。"如五代杨凝式书《夏热帖》（素笺本，草书尺牍），卷末有宋王钦若、元鲜于枢、赵孟頫等人跋。卷内有"成德""成德容若""容若书画""楞伽""楞伽山人""楞伽真赏"诸印，《石渠宝笈》卷三十著录。现藏北京故宫博物院。如《宋拓定武兰亭卷》（传为唐欧阳询所临），后归姜宸英。清人刘继庄（清初顺天府大兴人、地理学家刘献廷，字继庄，号广阳子）《广阳杂记》云："西溟于成容若斋中见此卷，言及，容若遂举以相赠。"如苏轼《黄州寒食诗帖》，成德有《题苏文忠黄州寒食卷》，云："古今诚落落，何意得此人。紫禁称才子，黄州忆逐臣。风流如可接，翰墨不无神。展卷逢寒食，标题想后尘。"此图后归管家安三（安尚仁）之子安岐，在安岐（字仪周，号麓村）的《墨缘汇观》中有著录。如唐阎立本绘《步辇图》，上有成德收藏印章。如唐周昉绘《地官出游图》，有"成德""楞伽真赏""楞伽""容若书画""成子容若""容若鉴藏""楞伽山人""香界""花间草堂"诸印。宋李公麟绘《二马图》，钤有"通志堂藏""见阳图书"等印，《石渠宝笈》卷五著录等。

纳兰虽然以词名世，实际上，诗词文赋、书画、文玩无一不精：

> 善为诗，在童子，已句出惊人，久之益工，得开元、大历间丰格。尤喜为词，自唐、五代以来诸名家词皆有选本，以洪武韵改并联属名《词韵正略》。所著《侧帽集》后更名《饮水集》者，皆词也。……他论著尚多。其书法摹褚河南临本禊帖，间出入于《黄庭内景经》。当入对殿廷，数千言立就，点画落纸无一笔非古人者。[1]

韩菼则称他："读书机速过人，辄能举其要。著诗若干卷，有开天丰格；颇好为词，爱作长短句，跌宕流连，以写其所难言，尝辑《全唐诗选》《词韵正略》。而君有集名《侧帽》《饮水》者，皆词也。工书，妙得拨灯法，临摹飞动。"[2] 开、天，即唐开元、天宝年间，正是唐诗最盛时候。

纳兰还著作、编纂有读书札记《渌水亭杂识》。《杂识》序云："癸丑，病起，披读经史。偶有管见，书之别简；或良朋止，传述异

---

【1】　徐乾学：《皇清通议大夫一等侍卫佐领纳兰君墓志铭》。

【2】　韩菼：《通议大夫一等侍卫进士纳兰君神道碑铭》。

文同《墨竹图》(《通志堂集》卷十四《题文与可竹》)

闻，客去辄录而藏焉。逾之四年，遂成，曰《渌水亭杂识》。"癸丑，即康熙十二年（1673）。

《渌水亭杂识》分四卷，卷一以考据地理为主；卷二则以历史考据为主，有对历史知识、典故的抄录，也有关于西洋天文科技的记录；卷三则以对历代哲学、史书的摘录与解读为主，亦有成德对历史人物、事物之考察，并东西比较；卷四则主要记述成德对历代诗词并对儒、释、道三教教义的理解。纳兰号"楞伽山人"即从佛经中来的。

此外，清朝以满语骑射为国本，加之家庭教育影响，清初旗人士家子弟多熟悉骑射。成德也不例外，纳兰座师徐乾学称其"容若数岁即善骑射"；且"自幼聪敏，读书一再过，即不忘"，是文武全才的典范。

## （四）纳兰成德的词作、词风及其在中国文学史上的地位

清初，经历了明代词作的没落后，作词名家辈出，名词、词集迭出，称作"清词中兴"。

成德好词，徐乾学谓其"好观北宋之作，不喜南渡诸家，而清新秀隽，自然超逸，海内名为词者皆归之"。

对于文坛贵诗贱词的倾向（一般认为诗言志，词写闺情），成德也有自己的认识，他从古典沿革寻找词之重要的依据，在《填词》中，他写道："词源远过诗律近，拟古乐府特加润。不见句读参差三百篇，已自换头兼转韵。"意思是说，词源头早出，拟古诗、乐府诗，甚至《诗经》（《诗经》收诗三百零五篇，故称"诗三百"）中都已经有词的因素。成德在写给张纯修的信中，更是明确指出："长短句，固骚之苗裔也。"也就是说，在成德看来，词即是诗（"骚"即指屈原名篇《离骚》，泛指诗歌）的延伸，自然没有什么比诗歌地位低的问题。

成德有选历代佳词为一集的设想，他在《与梁药亭书》（清初著名诗人梁佩兰，字芝五，号药亭，广东南海县人）中写道：

仆少知操觚即爱《花间》致语，以其言情入微，且音调铿锵、自然协律。唐诗非不整齐工丽，然置之红牙银拨间，未免病其版折矣。从来苦无善选，惟《花间》与《中兴绝妙词》差能蕴藉。自《草堂》《词统》诸选出，为世脍炙……然愚意以为，吾人选书不必务博，专取精诣杰出之彦，尽其所长，使其精神风致涌现于楮墨之间。每选一家，虽多取至十，至百无厌，其余诸家，不妨竟以黄茅白苇盖从芟剃，青琐绿疏间，粉黛三千，然得飞燕玉环，其余颜色如土矣。

操觚，执简，写作的代称。觚，古代书写用的木简。晋陆机《文赋》云："或操觚以率尔，或含毫而邈然。"李善注云："觚，木之方者，古人用之以书，犹今之简也。"《花间》，即《花间集》，五代十国时期后蜀赵崇祚编纂的中国第一部词集，收录温庭筠、韦庄等十八位词人的经典作品共五百首；《中兴绝妙词》，全称《中兴以来绝妙词选》，南宋词人黄昇选历代词为《花庵词选》，前十卷选唐宋诸贤之词，后十卷选南宋中兴以来各词家之词，共录词七百五十余首。

成德认为，选词务博不如务精。在他看来，南宋绍熙、庆元之际何士信选编的《草堂诗余》（以宋词为主，兼收小部分唐五代词共三百六十余首）、明人卓人月编的《词统》（《古今词统》，选唐至明词一千八百余首）虽然流传甚广，但选词粗细精糙不同，使人不辨好坏，不便学习，故而，自己欲同梁佩兰精选历代词作精品为一集。因梁南返，事不成。

康熙十五年（1676），二十三岁的成德将自己的词作编辑为《侧帽词》，刊印传播。成德词本上佳，情感真挚感人，又有顾贞观、陈维崧等词坛前辈的鼓吹，一时间，京师内外无处不传《侧帽词》。出现了所谓"都下竞相传写，于是教坊歌曲间无不知有《侧帽词》者"的情形。

康熙十六年（1677），成德与顾贞观编选了《今词初集》，收录明末清初至康熙十六年一百八十四位词人的词作六百余篇，收录成德词作十七首。

康熙十七年（1678），成德复将《侧帽词》（六七十篇）扩展为《饮水词》（百余阕），顾贞观携往江南刊刻——亦有在江南文人间广泛传播之意。康熙中晚期（纳兰生时病死后的十几年），出现了"家家争唱饮水词"的景象。

人们之所以喜欢成德词，在于其不同于常人的词风（清丽天然，以言情为上，不同于一般汉人知识分子斤斤计较于词牌、声律、伦理、道德评判诸准则）。顾贞观《饮水词》序称：

> 容若天资超逸，悠然尘外，所为乐府小令，婉丽凄清，使读者哀乐不知所主，如听中宵梵呗，先凄惋而后喜悦。容若词一种凄忧处，令人不能卒读，人言愁，我始欲愁。[1]

陈维崧则将其与南唐二位国君、著名词家李璟、李煜（字重光）相对比，称："《饮水词》哀感顽艳，得南唐二主之遗。"[2]

桑榆墅南二里许有双林寺，即今海淀区紫竹院公园南门内。

双林，指婆娑双树之林，佛入灭处。《日下旧闻考》中引《谷城山房集》载："万历初，大珰冯保营葬地。造寺曰'双林'。双林，冯之别字也。"复可知，冯保因信佛，号双林，复以"双林"名寺。

冯保，字永亭，号双林，北直隶真定府深州县（今河北省衡水市深州市）人，嘉靖年间任司礼监秉笔太监，隆庆元年（1567），提督东厂兼管御马监事务，万历间任司礼监掌印太监兼掌东厂，极具权力。支持张居正执政。冯保建双林寺，欲将此作为自己身后葬地。

《日下旧闻考》中引王槐《双林寺碑略》载双林建筑空间、景观云：

> 寺前为山门、金刚、钟鼓二楼，天王殿宇中为佛殿，左右伽蓝、护法，后为方丈，左右斋堂、禅堂。两侧厨、库、僧房。其后垒土石为山，高可丈余，上为明阳洞，左台右榭，群卉丛萃，凡寺之所宜者无所不备矣。工始于二月之春，落成于八月之秋，命名双林。[3]

---

[1] 顾贞观：《通志堂词序》。

[2] 江顺治：《词学集成》"引"。

[3] 王槐，明万历时工部侍郎。冯保死于江南，未能葬于双林寺。

紫竹院内双林寺塔遗址


康熙十六年（1677）五月，卢氏病逝。康熙十七年（1678）七月葬于上庄皂荚屯。成德请双林寺僧为之诵经超度。他形容自己这时的心态是"有发未全僧"。成德作《忆江南·宿双林禅院有感》：

> 心灰尽，有发未全僧。风雨消磨生死别，似曾相识只孤檠，情在不能醒。
> 摇落后，清吹那堪听。淅沥暗飘金井叶，乍闻风定又钟声，薄福荐倾城。[1]

词风凄婉哀艳，写情最苦，最能代表成德词作的水平、特点。又有《望江南·宿双林禅院有感》：

> 挑灯坐，坐久忆年时。薄雾笼花娇欲泣，夜深微月下杨枝，催道太眠迟。
> 憔悴去，此恨有谁知。天上人间俱怅望，经声佛火两凄迷，未梦已先疑。[2]

【1】 闵泽平编著，《纳兰词全集》，崇文书局 2015 年版。
【2】 闵泽平编著，《纳兰词全集》，崇文书局 2015 年版。

纳兰词中，怀念卢氏的词作不少，水平也高，备受世人青睐传播。如《青衫湿遍·悼亡》云：

> 青衫湿遍，凭伊慰我，忍便相忘。半月前头扶病，剪刀声、犹共银缸。忆生来小胆怯空房。到而今独伴梨花影，冷冥冥、尽意凄凉。愿指魂兮识路，教寻梦也回廊。
>
> 咫尺玉沟斜路，一般消受，蔓草斜阳。判把长眠滴醒，和清泪、搅入椒浆。怕幽泉还为我神伤。道书生薄命宜将息，再休耽、怨粉愁香。料得重圆密誓，难尽寸裂柔肠。

"青衫湿遍"词牌系成德首创，双调，上下片各五句，押平声韵。全词一百二十二字。

成德复有《青衫湿·悼亡》——青衫湿，词牌名，亦称"人月圆令""青衫子""人月圆"——云：

> 近来无限伤心事，谁与话长更？从教分付，绿窗红泪，早雁初莺。当时领略，而今断送，总负多情。忽疑君到，漆灯风颭，痴数春星。

成德的送别诗词也具有相当的水准。如成德得知吴兆骞南返不成后，怕梁汾心急，作《金缕曲·简梁汾》，请人带去，反复言说，表明二人的亲近和欲返吴兆骞事的决心，云：

> 洒尽无端泪，莫因他、琼楼寂寞，误来人世。信道痴儿多厚福，谁遣偏生明慧。莫更着、浮名相累。仕宦何妨如断梗，只那将、声影供群吠。天欲问，且休矣。
>
> 情深我自判憔悴。转丁宁、香怜易爇，玉怜轻碎。羡杀软红尘里客，一味醉生梦死。歌与哭、任猜何意。绝塞生还吴季子，算眼前、此外皆闲事。知我者，梁汾耳。

"仕宦何妨如断梗，只那将、声影供群吠。"此盖言康熙十年（1671）梁汾之去职，受同僚排挤而致。"羡杀软红尘里客，一味醉生梦死。歌与哭、任猜何意。绝塞生还吴季子，算眼前、此外皆闲事。"是说梁汾对于官场并无留恋，歌哭随意，不再惧怕他人猜测，生平唯一的愿望不过拯救吴兆骞而已。"知我者，梁汾耳"六个字，奠定二人一生因缘。

成德《木兰花·拟古绝决词柬友》云：

> 人生若只如初见，何事西风悲画扇？等闲变却故人心，却道故人心易变。
> 骊山语罢清宵半，泪雨霖铃终不怨。何如薄幸锦衣儿，比翼连枝当日愿。

若无"柬友"二字，词坛高手几不能论其写作对象。词中全以闺中口气写来，"骊山语罢清宵半"写杨贵妃、唐玄宗故事，复以"何如薄幸锦衣儿，比翼连枝当日愿"，感慨生别之苦。成德之善于感情、移情，由此可见。

梁汾拿出别人为自己画的小像，请成德为之题词。成德题《于中好·送梁汾南还为题小影》，云：

> 握手西风泪不干，年来多在别离间。遥知独听灯前雨，转忆同看雪后山。
> 凭寄语，劝加餐。桂花时节约重还。分明小像沉香缕，一片伤心欲画难。

"年来多在别离间"是说自己随驾而行，不得与友人常聚，"握手西风泪不干""一片伤心欲画难"本是常规的别离，却被成德写出血泪，可见其至情至性。

百字令

> 人生能几？总不如休惹、情条恨叶。刚是尊前同一笑，又到别离时节。灯烬挑残，炉烟蒸尽，无语空凝咽。一天凉露，芳魂此夜偷接。
> 怕见人去楼空，柳枝无恙，犹扫窗间月。无分暗香深处住，悔把兰襟亲结。尚暖檀痕，犹寒翠影，触绪添悲切。愁多成病，此愁知向谁说？

"又到别离时节"点明是送别作。"怕见人去楼空，柳枝无恙，犹扫窗间月。"想象生动。"愁多成病，此愁知向谁说"，无尽相思，愁成病身。

不过，这是就成德词的主体而言，成德文、武皆能，满人身份，多随皇帝出关，饱览边塞风光，因此，在他的词中有清词中难得的雄浑与磊落。徐釚（字电发，江苏吴江人。康熙十八年获博学鸿词特科，授翰林院检讨）评价成德题梁汾《侧帽投壶图》词《贺新凉》并成德《侧帽词》风格，将其与宋代豪放派词人苏轼、辛弃疾并论，云：

> 金粟顾梁汾舍人，风神俊朗，大似过江人物……画《侧帽投壶图》，长白成容若题《贺新凉》一阕于上，词旨嵚崎磊落，不啻坡老、稼轩。

贺新凉，即贺新郎，又名"金缕曲""乳燕飞""貂裘换酒"等。成德题《金缕曲·题顾梁汾栎香小影》，云：

> 德也狂生耳。偶然间、淄尘京国，乌衣门第。有酒惟浇赵州土，谁会成生此意，不信道、遂成知己。青眼高歌俱未老，向尊前、拭尽英雄泪。君不见，月如水。
> 共君此夜须沉醉。且由他、娥眉谣诼，古今同忌。身世悠悠何足问，冷笑置之而已。寻思起、从头翻悔。一日心期千劫在，后身缘、恐结他生里，然诺重，君须记。

成德系满人，长期受儒家教育，加之父亲明珠在朝廷中的地位，自幼有辅佐君王、安定家国之志，又随皇帝巡幸各地，见闻既广，故其词中多有各地见闻，怀慷慨之气。如在吉林小乌喇（今吉林市龙潭区乌喇街镇）——今吉林市为乌喇（满文吉林，谓沿；乌喇，即江）——成德作有《浣溪沙·小兀喇》，云：

> 桦屋鱼衣柳作城，蛟龙鳞动浪花腥，飞扬应逐海东青。
> 犹记当年军垒迹，不知何处梵钟声，莫将兴废话分明。

桦屋鱼衣，概指赫哲人用桦树皮搭建房屋、用鲟鳇鱼之类大鱼皮制作衣服。"蛟龙鳞动浪花腥"，指抓捕江中鲟鳇鱼（大者长四五米、重一两千斤），鲟鳇鱼翻动江水产生的水浪与气味。"飞扬应逐海东青"，指鲟鳇鱼在江中游动迅速，如猛禽海东青飞翔一般——《本草纲目·禽部》记载："雕出辽东，最俊者谓之'海东青'。"

词上片写当地风物，下片感慨世事兴废：当年战争留下的壁垒，远处传来寺庙的钟声，词人感慨历史兴替，人生苦短，用"莫将兴废话分明"一句淡淡结束。

在纳兰生命中，"觇梭龙"是一次颇有传奇意味的远行。

清朝初年，俄罗斯散兵游勇不断侵扰黑龙江地方。他们"侵入净溪里乌喇诸处，筑室盘踞"——净溪里乌喇，即精奇里屯，又称黄河屯（当地人称精奇里江为黄河）。康熙皇帝因连年战争，民生凋敝，南方战争仍未彻底结束，不愿轻开边衅，两面作战，"命大理寺卿明爱等谕令撤回"，但俄人"犹迁延不去，而恃雅克萨城为巢穴，于其四旁耕种渔猎，数扰索伦、赫哲、飞牙喀、奇勒尔居民、掠夺人口"——飞牙喀，亦写作费牙喀，位于黑龙江下流左岸地方；奇勒尔，位于费牙喀东北滨海处。[1] 当时，在国人看来，俄罗斯人身高体大，金发碧眼，面目丑恶，不类中华，如鬼怪一般，故称之为"罗刹"，又或称为"老枪""老羌"者。

皇帝还令钦差、成德、画师经纶（字岩叔）同行。《李朝实录》"肃宗大王八年壬戌（即康熙二十一年）十一月"条对此也有记录，称清与"大鼻达子"（谓俄人）"连兵，遣大学士明珠子领数千兵马往战"。

此次行程往返四个月，行程数千里，正是塞外天寒地冻之时，复因有侦查任务，友人谓之"觇梭龙"行。成德作诗词颇多，在其诗词中别有特色。如《长相思》云：

> 山一程，水一程，身向榆关那畔行，夜深千帐灯。
> 风一更，雪一更，聒碎乡心梦不成，故园无此声。

榆关，一名渝关、临榆关，在今河北省秦皇岛市抚宁区，因其地古有渝水，县、关皆因水得名。隋开皇三年（583），筑渝关关城。明洪武十四年（1381），中山王徐达奉命修永平、界岭等关，于古渝关东六十里，建名"山海关"。故明清时代之"榆关"多指山海关。

---

[1] 《清史稿》卷二百七十九《列传六十六·郎坦传》。《康熙实录》卷一百四。

此词系成德离京赴北，心思远去，念家而作。全词写作并不堆砌辞藻，径以白描写就，感情真挚，读来动人心弦。

路途中，成德一行还经过清初各部战争的遗迹。观今怀古，成德作《南乡子》，云：

> 何处淬吴钩？一片城荒枕碧流。曾是当年龙战地，飕飕。塞草霜风满地秋。
> 霸业等闲休，跃马横戈总白头。莫把韶华轻换了，封侯。多少英雄只废丘。

龙战，本谓阴阳二气交战。《周易·坤》云："上六，龙战于野，其血玄黄。"后以喻群雄争夺天下。晋潘岳《杨荆州诔》云："天厌汉德，龙战未分。"

当年英雄，驱马弯弓，碧血横扫之地，都草木纷纷，遍地黄土，英雄争霸业，到头都空。"霸业等闲休，跃马横戈总白头。莫把韶华轻换了，封侯。多少英雄只废丘。"是一时感慨。

经过长途跋涉，成德一行到达黑龙江。夜宿江畔，成德作《青玉案·宿乌龙江》，云：

> 东风卷地飘榆荚，才过了连天雪。料得香闺香更彻。那知此夜，乌龙江畔，独对初三月。
> 多情不是偏多别，别为多情设。蝶梦百花花梦蝶。几时相见，西窗剪烛，细把而今说。

"乌龙江畔，独对初三月"，知在春三月，然地处极北，春日寒冷。作诗时，虽已至三月，但此地也不过刚过了连天雪，榆荚初落时节，成德思乡念亲，方云"多情不是偏多别，别为多情设"。

返京后，成德复有西北安抚厄鲁特蒙古之行，成德有一首《蝶恋花》——这首词，在《瑶华集》中副题为："十月望日，与经岩叔别。"云：

纳兰成德宗族北京碑刻文物史料

尽日惊风吹木叶，极目嵯峨，一丈天山雪。去去丁零愁不绝，那堪客里还伤别。

若道客愁容易辍，除是朱颜，不共春销歇。一纸乡书和泪折，红闺此夜团圞月。

丁零，称"丁令""丁灵"。汉时，为匈奴属国，游牧于我国北部、西北部广大地区。唐司马贞《史记索隐》引《魏略》："丁零在康居北，去匈奴庭、接习水七千里。"言成德此去，向西北行。

成德离开柳沟（今怀柔区柳沟）时，作有《南乡子·柳沟晓发》，云：

灯影伴鸣梭，织女依然怨隔河。曙色远连山色起，青螺。回首微茫忆翠蛾。

凄切客中过，料抵秋闺一半多。一世疏狂应为著，横波。作过鸳鸯消得么？

沿途中，成德大长眼界，西部毕竟与东北不同，大漠孤烟直，教人感到荒凉。到了甘肃胭脂山下，成德给家人写信：

满江红

代北燕南，应不隔明月千里。谁相念，胭脂山下，悲哉秋气。小立乍惊清露湿，孤眠最惜浓香腻。况夜乌啼绝四更头，边声起。

销不尽，悲歌意；匀不尽，相思泪。想故园今夜，玉栏谁倚？青海不来如意梦，红笺暂写违心字。道别来，浑是不关心，东堂桂。

胭脂山，一作焉支山、燕支山，位于甘肃张掖市山丹县城，产红蓝草。[1]

"销不尽，悲歌意；匀不尽，相思泪。想故园今夜，玉栏谁倚？青海不来如意梦，红笺暂写违心字。道别来，浑是不关心，东堂桂。"相思尽在笔下。

成德又作有《月上海棠·中元塞外》，感慨英雄一时，不过蔓草一把，想念亲友，云：

---

【1】 《五代诗话·稗史汇编》载："北方有焉支山，上多红蓝草，北人取其花朵染绯，取其英鲜者作胭脂。"

原头野火烧残碣，叹英魂、才魄暗销歇。终古江山，问东风、几番凉热。惊心事，又到中元时节。

凄凉况是愁中别。枉沉吟、千里共明月。露冷鸳鸯，最难忘、满地荷叶。青鸾杳，碧天云海音绝。

月上海棠，词牌名，又名《海棠月》，双调七十字，前后段各六句，四仄韵。成德用此词牌，盖与前家人信中谓家中秋海棠开矣有关。

上片写塞外中元节（七月十五，民间视为鬼节）情景，下片写思念家乡，家中景象，却音书隔绝，不能寄信——青鸾，青鸟，指传送信息的使者。宋赵令畤《蝶恋花》："废寝忘餐思想遍。赖有青鸾，不必凭鱼雁。"

# 五、揆叙、揆方与康熙朝诸皇子之争

## （一）揆叙、揆方

成德的二弟揆叙（1675—1717），字凯功，号惟实居士。康熙间，授侍卫，官侍读，累官至都察院左都御史，著有《隙光亭杂识》《益戒堂诗集》《鸡肋集》。

揆叙生而颖异。文渊阁大学士兼礼部尚书王顼《皇清诰授光禄大夫、经筵讲官、起居注、议政大臣、都察院左都御史兼翰林院掌院学士事、教习庶吉士管佐领事加七级谥文端揆公墓志铭》叙揆叙幼年事情："康熙甲寅生公，呱声甫达，识者知为非凡器，太师公与太夫人钟爱特甚。少长不好弄，日惟凝神端坐，静默若成人。四岁，能以四声音韵教其侍立青衣。"

> 年八岁，受业于吴江孝廉吴兆骞，读四子经书，一如夙习，既背诵，终身不忘。性喜涉猎诗古文，夏日雨后，师以"雨过青苔润"属对，公应声"风归翠竹竦"。公之兄通议大夫容若先生，雅负文名，击节叹赏，自谓少时迥未逮。时容若与朱竹垞彝尊、姜西溟宸英、严耦渔绳孙、顾梁汾贞观时宴集于花间草堂，辄召公往，诸公咸以异才目之。

康熙二十年（1681）十月，吴兆骞从宁古塔返回京师，年逾半百，在京师无以为生。转过年来，明珠便聘请汉槎为家庭教师，一面调养身体，一面教授揆叙学问。

康熙二十三年（1684），吴兆骞死后，揆叙复先后受学于知名学人查慎行（字夏仲）、唐孙华（字实君）。

> 时先受业于夏仲，既又师实君，两君有作，公辄和之。因谓太师曰："公既以勋阶服官，不必更事科举，盍令肆志古学，俾为一代名儒耶？"公遂得于经史之暇，纵读秦汉以下诸子百家，自定读书课程，为寒所不能。实君赠诗有"砚冻晨窗雪，灯深夜帐檠"之句，盖实事云。

查慎行（1650—1727），字夏重、夏仲，后改名慎行，字悔余，号他山。杭州府海宁花溪（今袁花镇）人，康熙四十二年（1703）进士，授翰林院编修，供职于南书房。康熙五十二年（1713），乞休归里，筑初白庵以居，潜心著述。雍正四年（1726），受弟查嗣庭牵连被逮入京，次年放归，两月而亡。有《敬业堂诗集》《查初白诗评十二种》等。唐孙华（1634—1723），字实君，别字东江，江苏太仓人，康熙二十七年（1688）进士，累官至礼部主事，兼翰林院行走。后充浙江乡试副考官，因事落职。著有《东江诗钞》。

揆叙学问受母亲觉罗氏影响颇深。唐孙华撰《皇清诰封太子太师、武英殿大学士兼礼部尚书、相国纳兰公元配、一品夫人觉罗氏墓志铭》言揆叙学养、家教：

> 一日，次君揆叙出时人诗稿示予，中用郭隗事，隗字误作平声，予指其缪。揆叙爽然曰："昔我幼时读《左传》，叔隗、季隗亦作平声，吾母闻之曰：'汝误耶，此不当作平声。'则吾母之言良是矣。"其读书识字、通解训诂多此类也。

康熙二十七年（1688），十六岁的揆叙娶安亲王岳乐次女和硕柔嘉公主（丈夫为靖南王耿精忠之弟耿聚忠）之女耿氏为妻。"耿氏，戚畹传芳，夙娴书史。于归后，公若得良友，朝夕商确，惟读书乐善，三十年如一日，世族大家实罕其比。"

> 公贮书最富，凡镂刻无本者，辄令人钞录，大半绵手经丹口。时，上渐知公名，太师奉使出，上幸其别墅，赏花钓鱼，迎送如成人。上念公体弱，戒勿远送。君臣之际，早占恩遇之隆而建树之必远且大也。

别墅，指明珠罢相后，于六郎庄兴建的自怡园。可见，揆叙之少年老成，并后来受皇帝宠信，身至高位的原因。

因明珠已经不在朝廷行政、成德早死，康熙便把对纳兰一族的信任、使用转移到年轻聪慧的揆叙身上。康熙三十二年（1693），二十一岁的揆叙奉旨扈从皇帝。三十三年（1694）五月，升三等侍卫。秋七月，召入乾清宫，作应制诗一章、时文一篇，称旨。三十四年

（1695），升二等侍卫。其时，母亲觉罗氏死，揆叙"哀毁几不欲生"：

> 上遣内侍视之，且谕太师曰："尔子学问优长，人品极好，但质体甚弱，不必带伊出门。"频令太医调治，且下特旨，改擢翰林院侍读，时年二十有三。

其后，揆叙仕途便一帆风顺：任讲官起居注、南书房行走、扈从江南——上谓从臣曰："揆叙极是小心老成，居官甚好，学问文章满洲中第一。"——升侍读学士、翰林院掌院学士兼礼部侍郎（二十九岁）。康熙五十一年（1712），擢拜都察院左都御史兼掌翰林院："凡历代典章得失及朝会典律例讲求精熟，判决法司事，台班咸诧叹明允。凡同九列议经国大事，片语单辞，恰中机要。"

揆叙为人，一本明珠家族谦和爱才家风："与人交谦和谨重，待前后辈无不推心置腹。于教习后进诱掖奖劝，尤谆谆戒勉，冀各修厥职，为词林光宠。"

揆叙好藏书读书，家筑"谦牧堂"，收藏宋、元刊本数十种，藏书数万卷，偏重于文集、史地。有家藏书目《谦牧堂藏书总目》二卷，收录图书近两千五百种，由著名刻书家刘喜海刊印。撰刻《益戒堂文抄》《益戒堂诗集》《鸡肋集》《隙光亭杂识》《后识》《历朝闺雅》《皇舆表》等。刊刻图书十余种，家藏抄本近十种。单就学问而言，揆叙似为纳兰家族第一。

揆叙亦长于诗词。在成德死后，揆叙有《酬顾梁汾四首》，其三云：

> 念吾先伯氏，与君缔同心。
> 直如蛩将駏，岂但磁与针。
> 屈指性命交，未有如君深。
> 余幼方扶床，窥豹亦相钦。
> 伤心一个弱，积痛余人琴。
> 君偏敦古处，解剑徐君林。
> 遗像荷藏弄，残编劳搜寻。
> 欲令逝者迹，千载无消沉。

蛩、駏，即蛩蛩、駏驉，传说中的两种异兽，形影不离。后以"驏蛩"形容关系密切。唐韩愈《醉留东野》："低头拜东野，愿得终始如驏蛩。"梁汾来明府是在康熙十五年（1676），揆叙年方三岁。"余幼方扶床，窥豹亦相钦。"是写实也。"遗像荷藏弆，残编劳搜寻。"是说成德死后，梁汾收藏成德小像，并编纂成德词集事。

揆叙又有《禾中留别竹垞先生得五百字》，云："吾兄昔好客，结识俱英贤。就中公最亲，如影依形然。每因暇直暇，觞咏偕欢妍。"复写家中景象并诸人宴饮情形："门前渌水亭，亭外泊小船。平地碧藻合，高树红樱悬。仰窥城西山，俯听槛底泉。有时把彩笔，按谱新词填。或杭姜白石，或效张玉田。有时作八分，鸾凤争翔骞。中郎及丞相，屈强堪比肩。晨游辔屡并，暮宿床必联。"姜白石，即南宋大词人姜夔；张玉田，即南宋末著名词人张炎。张炎（1248—约1320），字叔夏，号玉田，又号乐笑翁。临安（今浙江杭州）人，有《山中白云词》，存词三百零二首。因朱氏好南宋词，故云。中郎及丞相，盖指汉末曹操与蔡邕，以他们的关系比成德与朱彝尊关系的密切与相知。《答姜西溟》诗则云："自忆垂髫初识君，佳誉传闻信非哆。一时宾侣皆眼见，想象粗能追昔昔。"写自己幼年时候，因父兄关系，与姜宸英相识之事。

揆叙出行塞外，作有《塞外咏灯花·鹊桥仙》，云：

> 霜凋野卉，风摧林叶，烂漫灯花竞吐。萧条氍帐耿秋宵，偏自伴、个人凄楚。
> 金虫耀彩，银缸留焰，膏火便同甘雨。试将好事验明朝，漫屈指、归期暗数。

又有《有草花名剪春纱漫赋·调寄满江红》，云：

> 小草何知，强唤做、方空裁剪。果否是，鲛人潜织，越姬亲浣。弱缕长沾新露润，柔丝不待条风展。最关情、马上忆家园，频偷眼。
> 沉紫色，尤嫌浅，吹纶贾，应难辨。怪并刀忍把，断红零乱。摘取侭宜蝉鬓戴，生来只恨龙堆远。问芳丛、开落自年年，凭谁管。

揆叙三弟揆芳，亦写作揆方，生于康熙十九年（1680）四月二十四日，字正叔，娶康亲王杰书第八女淑慎（字惠卿）为妻，明珠为其在水磨村修建园林。成德女婿、翰林院侍读年羹尧《皇清册封郡主觉罗氏墓志铭》写揆芳、淑慎夫妇事云：

> 当郡主之于归，余妻方在待字，而郡主与额驸以其孤弱也而怜惜之，故余妻之知之也为甚详。犹忆余妻曰："郡主生长绮纨而甘于俭素，曷浣曷否，俨然有葛覃之风。其事舅姑也，以不得久事其姑为恨，故其于舅也，先意承志，唯恐有弗当者，以至姒娣之间，皆曰吾兄弟也，逮于臧获之辈，皆曰是不啻吾父母也。而况小星三五，无不愿君子之福履，而相安于命之不犹，又古人之所难者。若夫春秋暇日，偶事吟咏，琴瑟在御，间一抚美，是则香闺之韵事而名媛之闲情也。"

小星三五，即揆芳有妾数人，为子嗣计也。

郡主生一子，名安昭；女一，早卒。"郡主生于康熙二十年十月二十一日，卒于四十五年十一月十五日，春秋二十有六。将于四十六年四月十二日葬于玉河皂角屯祖茔之西北。"

揆芳其人，进士、翰林院侍讲学士年羹尧《皇清诰封和硕额驸纳兰揆公墓志铭》云：

> 当太师公秉轴对，公方在弱龄，从塾师学。暨太师公致政家居，则公之伯兄纳兰公已谢世矣，而公仲兄、今掌翰林院事恺功先生则又在帝左右，凡巡幸所至，皆命扈从，故不能常侍太师公侧，而长留膝下者，则公也。公今且死矣，此太师公民以不能已于悲也。余昔娶公兄纳兰公女，故公于余情好最笃。当余妻之亡，公哭之哀。
>
> 公为人沉静，寡言笑，然事无论巨细，众或聚讼纷纷，公徐发一言，皆折服无以易。太师公所谓出语常当于心，又多有出于意外者，盖实录也。公于书无所不读，乃对之如未尝有书者。家故多藏书，而搜罗购求，虽厚价收之，亦所不惜。得所未有，辄穷日夜、废寝食，句栉字比，钩棘锄芜，无余剩而后已。惟其笃志于此，故他所嗜好皆淡如，非苟以自异于世之纨绮者，而刮磨豪习，未尝以富贵骄人。与人交不为翕翕热，其所输心不背易之。家居恭谨，史所载万石君家未足多者。

揆芳卒于康熙四十七年（1708）正月十四日（年二十九岁），除了郡主所生长子安昭外，另有妾生一子，名元普。

> 公于余既有知己之雅，今之铭虽太师公之命，实公之遗言也。……公之没也，上闻之恻然，且念太师公老矣，恐其过时而悲，特谕速营窀穸，亦异数也。于是，太师公将以四十七年正月二十五日卜葬公于皂角屯，乃先期命余为之铭。

因揆芳夫妻早死，而揆叙夫妻无出，经康熙皇帝指令，安昭、元普过继给揆叙为嗣，改名为永寿、永福。

## （二）揆叙与康熙朝诸皇子之争

康熙五十六年（1717）正月初七日，揆叙病死，年四十四岁。

> 上惋悼不已，仍令陈某等经理殡殓，又遣将侍卫内大臣公鄂、内大臣侯巴率诸侍卫临其丧，奠茶酒、赐良马，命所属两佐领以下官俱缟素赴哭。皇太后遣内侍总管并章京等赍赐茶酒饭，三日乃止。上谕南书房翰林云："掌院下世再欲得如此一人，良不易得，尔等应往哭之。"至二十一日，上遣内侍陈某、内侍首领王某、侍卫郎某、戴某四人至第。二十一日卯时，发引，九王子、十王子、正黄旗领侍卫、内大臣公海及本旗侍卫等俱奉旨送榇于昌平州之皂荚屯，停丧丙舍。礼部以恤典奏请诏赐全葬，遣礼部左侍郎沙至停榇所谕祭，谥曰"文端"。

可谓备极哀荣。

不过，这是在康熙朝。追康熙六十一年（1722）康熙皇帝薨，皇四子胤禛登基，改明年为雍正元年，揆叙的命运就此发生了翻天覆地的转变。

之所以如此，是因为揆叙陷入了康熙晚期诸皇子争立太子之事。

康熙诸子皆天生聪慧，从小受到极好的教育，锻炼了极强的行政能力；加之，满人素来认同实力，对汉人的嫡长子继承制并不认同，遂各自招徕亲信，扩张势力，谋求立为太子。其中，尤以康熙嫡长子胤礽、皇八子胤禩实力最大、活动最多。

揆叙娶安亲王岳乐次女和硕柔嘉公主，而皇八子胤禩娶岳乐外孙女郭络罗氏，则揆叙为胤禩叔辈；又，揆叙嗣子永福娶康熙皇九子胤禟之女三格格——胤禩、胤禟为一党。由于存在姻亲关系，且当时皇八子、九子党势力庞大，很受众多大臣支持，揆叙便极力活动，帮助皇八子成为未来储君。

皇太子胤礽被废后，揆叙与阿灵阿（领侍卫内大臣、议政大臣、理藩院尚书）等散播蜚语，言皇太子诸失德状，杜其复立。四十七年（1708）冬，康熙皇帝召满、汉大臣，问诸皇子中孰可为皇太子，揆叙、阿灵阿、鄂伦岱、王鸿绪等私与诸大臣串通消息，举荐允禩。为康熙皇帝察觉，遭到训斥。

雍正二年（1724），朝廷发揆叙及阿灵阿罪状，追夺揆叙官，削谥。将其墓碑文字改镌"不忠不孝阴险柔佞揆叙之墓"。

# 六、纳兰宗族后世

## （一）纳兰成德长子富格、孙瞻岱

乾隆二年（1737）八月，进士、户部左侍郎赵殿最《诰赠光禄大夫、提督直隶总兵官、都督同知、管辖通省兵丁节制各镇富公神道碑文》叙富格情况云：

> 公为颜氏太夫人所出，生而颖异，笃好图史，至今积书岩中，牙签插架，缃帙整如。公虽下世已久而手泽犹新，见之者犹深津逮之羡。十岁，失所怙，持丧动中礼，则擗踊如成人。……颜太夫人苦节持家，茹茶集蓼，赖前膝有此佳儿，差以自慰，然公愈自检束，色养弥谨，不敢持爱稍有放佚也；友爱两幼弟，式好无间，庭闱之内怡怡愉愉，未尝不晨夕砥砺，用能相与有成。

瞻岱，娶舒鲁穆禄氏，生一子，名达洪阿，女二，长适镶蓝旗满洲雍正十一年（1733）科进士、翰林院编修鄂伦，次适镶黄旗满洲生员哈赏阿。

## （二）永寿并其女儿

永寿，字仁山，别号是观居士，生于康熙四十一年（1702）八月二十九日，殁于雍正九年（1731）正月初六日，享年三十。官荫生，娶正黄旗汉军副都统阿含太女关思柏（苏完瓜尔佳氏，闺阁诗人），性至孝，与弟永福关系极好。先后任佐领、侍卫、正黄旗满洲副都统、礼部右侍郎，又改任兵部左侍郎。进士、太子太傅、文华殿大学士仍兼理户部尚书事务、一等阿达哈哈番蒋廷锡《皇清诰授光禄大夫、议政大臣、散秩大臣、兵部左侍郎、正黄旗满洲副都统兼佐领事加五级永公墓志铭》载永寿性格、行事云：

公生而颖异，七岁能作径尺书，挥洒奇特。九岁工诗，善属文，有神童之目。十岁，精骑射，于经史百家之言靡不究览。

性沉静，尝终日危坐不一言，及叩以古今事理，皆应答如响。圣祖仁皇帝特深器之，年十六，即授佐领，越二年，擢头等侍卫。出入禁廷，小心恭顺，所奏对悉称旨，赏赉珍玩不可胜纪。

今上御极之初，特授散秩大臣。癸卯正月，遣祭告医无闾山，四月升授正黄旗满洲副都统，寻署理本旗都统印务。乙巳十二月，兼署镶红旗都统印务。丁未正月，擢礼部右侍郎；四月，转兵部右侍郎，未几进左，皆仍兼旧职，八月命充议政大臣。乙酉二月，兼署镶蓝旗汉军都统印务。

因明珠、揆叙留有资产甚是丰厚，永寿家族"园林亭馆甲于都邑，顾公独喜俭约，自奉如寒素"：

生平好施予，办佐领事，常赡给孤寡。枢部司属有勤能而资力不足者，推俸余助之。他举行善事，动捐千百元无所惜。比得疾，召集三党，皆厚有赠遗，下至臧获，莫不给赏，盖仁心为质，惠泽周施。宜乎易箦之日，巷哭衢哀也。

先是，文端公贮书最富，至公益购奇访异，缥囊缃帙，汗牛充栋。公余之暇，丹铅申乙，披览不倦。又精于鉴古，每得三代及秦汉唐宋间法玩，必恭进御览，不敢自私。尤潜心内典，暇则结跏趺坐，持诵弗辍，故去来之际，性觉空明，脱然无碍。

雍正八年（1730）八月，永寿疾病发作，雍正皇帝"遣御医诊治，药饵食物皆给自内府"。

永寿弟永福官至内务府总管，生一子宁琇并二女。因与岳丈皇九子允禟的亲缘关系，永福先后支持允禩、允禵谋取皇位，结怨于皇四子胤禛。胤禛继位后，被革职。

永寿夫妇生有四女，皆关氏所生，无子，雍正皇帝令以侄子宁琇为嗣，二侄女一并过继给永寿，"而命内务府大臣海、内侍臣张为经理其家务。既没，奏闻，上深悼惜。翌日，遣世袭一等公诺、御前侍卫十人赐奠茶酒，所得恤典如例"。

因永寿受到雍正皇帝的重用，其所生四女、过继二女所结婚姻皆好，一女适曹雪芹表哥、平郡王纳尔苏第四子固山贝子福秀，一女适阿巴泰裔孙护军参领希布禅，一女适多罗愉郡王弘庆，一女适代善裔孙、二等镇国将军永寿，一女适傅恒，一女适弘历，后为舒妃。

　　舒妃生于雍正六年（1728）六月初一日，乾隆六年（1741）二月初七日，十四岁的叶赫那拉氏入宫，赐号贵人，二月十三日，奉皇太后懿旨，与海贵人、贵人柏氏一同诏封为嫔；十一月，行舒嫔册封礼。乾隆十三年（1748）五月，晋舒妃。乾隆四十二年（1777）五月三十日，舒妃薨，时年五十岁（虚岁）。九月二十日，入葬乾隆皇帝裕陵妃园寝。

## 成德家族成员情况

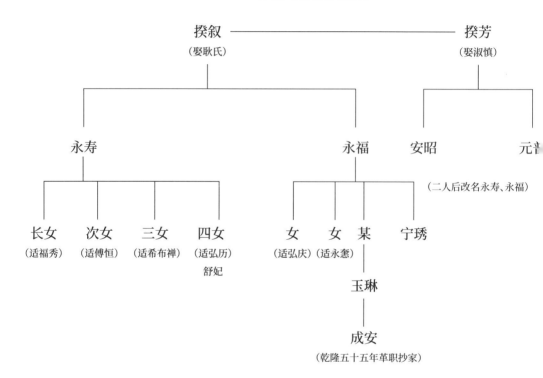

# 七、纳兰宗族与北京

## （一）纳兰家族与清代政治、文化

自被俘入旗，纳兰家族历任要职，尤其是明珠、揆叙充分参与清朝政治运作，加之与清代皇家、宗室、权贵的密切联姻，纳兰一族对清朝国家机器运作、官僚关系、国家统一等问题都产生了重大影响；而纳兰一族天分既高，又致力于满汉文化融合、创新，酷好收藏、著述，尤其是纳兰成德在经学、词学方面进行的编辑、创作活动，达到了极高的水平，为传统文化的传承、发展起到了重要作用。

可以说，在清朝三百年历史中，不管在政治上，还是在文化上，纳兰家族都具有重要地位。

## （二）纳兰家族与清代北京

顺治元年（1644），清朝入关，以北京作为统一国家首都，旗人主体驻扎北京北城——非旗人住南城，复有驻防八旗驻扎全国各重要战略要地。雍正以后，又陆续建成京西外三营：圆明园护军八旗、香山健锐营八旗、蓝靛厂外火器营。可以说，北京不仅是旗人的故乡，更是绝大多数旗人一生的主要生活空间。

纳兰家族亦是如此，他们不仅足迹遍布京城，更是在京师德胜门内建立了宅院（今宋庆龄故居，历经：明珠府邸、成亲王永瑆王府花园、醇亲王奕譞府邸花园、摄政王府花园、宋庆龄居所），在海淀双榆树建立了桑榆墅别业，在六郎庄建造了自怡园，在玉泉山建造了渌水亭别墅，在水磨村建立了园林，还在京北皂荚屯家族旗地建造了家族墓园。如今，这些宅邸别院有的已经消失在历史的长河中，有的仅残留部分遗迹，有的则保存状况相对良好，成为"文化北京"建设的宝贵资源。

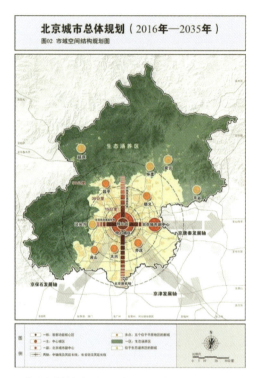

北京城市总体规划 (2016 年—2035 年)

　　《北京城市总体规划（2016 年—2035 年)》第四节"以两轴为统领，完善城市空间和功能组织秩序"第 34 条"完善中轴线及其延长线"规定：

> 中轴线及其延长线以文化功能为主，是体现大国首都文化自信的代表地区。既要延续历史文脉，展示传统文化精髓，又要做好有机更新，体现现代文明魅力。
> 1. 中轴线既是历史轴线，也是发展轴线。注重保护与有机更新相衔接，完善传统轴线空间秩序，全面展示传统文化精髓。

　　第四章"加强历史文化名城保护，强化首都风范、古都风韵、时代风貌的城市特色"中明确指出：

> 北京是见证历史沧桑变迁的千年古都……北京历史文化遗产是中华文明源远流长的伟大见证，是北京建设世界文化名城的根基，要精心保护好这张金名片，凸显北京历史文化的整体价值。传承

城市历史文脉，深入挖掘保护内涵，构建全覆盖、更完善的保护体系。依托历史文化名城保护……大力推进全国文化中心建设，提升文化软实力和国际影响力。

第一节 构建全覆盖、更完善的历史文化名城保护体系

第 54 条 完善历史文化名城保护体系

以更开阔的视角不断挖掘历史文化内涵，扩大保护对象，构建四个层次、两大重点区域、三条文化带、九个方面的历史文化名城保护体系。做到保护中发展，在发展中保护，让历史文化名城保护成果惠及更多民众。

1. 加强老城、中心城区、市域和京津冀四个空间层次的历史文化名城保护。
2. 加强老城和三山五园地区两大重点区域的整体保护。
3. 推进大运河文化带、长城文化带、西山永定河文化带的保护利用。

纳兰家族的足迹、营造一部分集中于中轴线及其延长线上（宅邸、墓园），为老城区保护、西山文化带、大运河文化带交界区域；一部分（各别墅）则位于三山五园区域。在未来北京的发展过程中，如何挖掘、整理纳兰家族的文化遗产，为"文化北京"建设、为《北京市城市总体规划（2016 年—2035 年）》的老城区整体保护（含中轴线申遗）、三山五园区域整体保护贡献力量，无疑是博物馆行业、相关研究领域、规划部门重要的研究课题，需要各方聚力，协调发展。

# 第一章

# 纳兰宗族府邸文物史料

国家宗教事务局（醇亲王府）

纳兰成德的家族宅院即今北京市西城区后海北沿的醇亲王府。

北京历史悠久，曾为辽南京、金中都。辽金时期，后海北沿什刹海一带属于郊野地区。元至元四年（1267），开始兴建大都城，至至元二十四年（1287）建成。共有坊五十处，其中凤池坊在斜街以北、海子以西，纳兰家族府邸所在的后海北沿一带即在此坊内。明朝毁大都，将城市南移，后仿照南京城新建北京城，元朝凤池坊改为日忠坊。

清朝定都北京，日忠坊成为正黄旗辖区。明珠之父尼迓韩从龙入关，朝廷按其级别在后海北沿为之分房。随着明珠的崛起，房屋建筑规模日渐扩大。至明珠五世孙成安革职抄家，宅院入官。乾隆六十年（1795），该处被赏赐给成亲王永瑆，成为成亲王府。

成亲王府传至永瑆五世孙毓橚时，爵位降至贝子。府邸收回，于光绪十四年（1888）赐予醇亲王奕譞，改称醇亲王府、或醇亲王府北府——醇亲王府南府位于北京市西城区鲍家街 43 号、宗帽胡同甲 2 号，始建于清朝初年，为喀尔楚浑府邸，咸丰九年（1859）赐给奕譞称"醇郡王府"，同治十一年（1872）改称"醇亲王府"，同治十三年（1875）奕譞次子载湉立为皇帝，此府成为"潜龙邸"，遂另赐成王府给醇亲王居住，此地称"醇亲王府南府"（现为中央音乐学院）。光绪末年，在北京内外城各设十区，醇亲王府所在地划归为内右三区。

南京国民政府时期，北京改为北平，城内区划改变，内右三区改为内五区。醇亲王府北府遂被纳入内五区范围。

中华人民共和国成立后，王府一分为三，中部府邸由卫生部使用，后归国家宗教事务局使用；西部花园成为宋庆龄住所，后改为宋庆龄故居并对外开放；东部马号，称摄政王府马号，后曾为北京市第二聋人学校。

《清实录》《清史稿》等相关史料涉及纳兰家族府邸建筑相关资料较少，《清高宗实录》对明珠后人成安抄家时有简要记载，揆叙《益戒堂诗集》中对府邸位置有大致描述，昭梿《啸亭续录》中有府邸演变为成亲王府的简略记载，乾隆十五年（1750）的《乾隆京城全图》对此时期北京城有比较详细的描绘，纳兰家族府邸的推断位置有一个四进院落。

杨乃济先生《紫禁城行走漫笔》中《醇亲王北府沿革考略》一文，北京市西城区委员会文史资料委员会编《京城什刹海》一书中陈平先生《醇王府谈往》一文，以及徐征等著《纳兰性德丛话》一书中的文章对明珠宅邸的建筑、沿革有所涉猎。其中尤以杨乃济先生《醇亲王北府沿革考略》一文引述史料较多、论证也最为严谨。期刊论文如赵超《醇亲王家族府邸、花园、园寝建筑特色及成因探究》，郝绍博《清代王府及花园形势论与理气论合局研究》，徐秀珊《简论什刹海地区环境与街巷的关系》等，以清代王府规制入手，研究醇亲王府的情况，涉及纳兰家族府邸部分比较简略。

根据原始资料并相应研究，大约可以梳理出纳兰家族府邸的变化情况。

# 一、纳兰宗族宅邸

纳兰家族宅邸地方今为北京市西城区后海北沿醇亲王府。

顺治元年（1644），清朝入关，定都北京，为安置旗人，避免旗民矛盾，实兴旗民分治，即旗人居住北城（正阳门、崇文门、宣武门以北城市内）——宗教人员不移——而非旗人移居南城。八旗在北城按照南北方向左右翼分布：左翼（东方）自北而南分别为镶黄旗、正白旗、镶白旗、正蓝旗；右翼（西方）自北而南分别为正黄旗、正红旗、镶红旗、镶蓝旗。每旗驻扎区域内满洲、外蒙古、再外汉军。

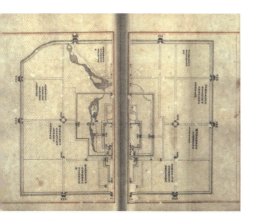

清代北城八旗分布图

纳兰家族为正黄旗满洲人，故房屋分配在德胜门内什刹海地方。

各旗旗营房屋按照爵位品级分发："一品官给房二十间，二品官给房十五间，三品官给房十二间，四品官给房十间，五品官给房七间，六品、七品官给房四间，八品官给房三间，拨什库、摆牙喇、披甲给房二间。"[1] 拨什库，即领催；摆牙喇，即护军。明珠兄长郑库为佐领，四品官，当分十间房屋，其余家人或者有充护军、披甲者，亦当有房屋。

不过，随着旗人财富的分化，买地、买房逐渐成为趋势。[2] 明珠的迅速崛起，决定了其家族财富的累积与田宅的扩充。康熙三年至十六年，是明珠从内务府总管升任至武英殿大学士期间，其宅邸应为此一时期有所扩建。[3] 康熙至乾隆年间明珠府邸的规模形制布局等，不见于史料记载，但其大致轮廓范围可以从《乾隆京城全图》中查到。

《乾隆京城全图》绘制于乾隆十五年（1750），对当时北京城市的

【1】 《大清会典事例·八旗都统·田宅》。

【2】 刘小萌：《清代北京旗人社会》，中国社会科学出版社 2008 年版。

【3】 北京市西城区委员会文史资料委员会编：《京城什刹海》，中国文史出版社 2001 年版。

《乾隆京城全图》后海

《乾隆京城全图》中的纳兰家族府邸（右下小字为"龙华寺"）

建筑格局绘制比较详细。从图中可以看出此时什刹海一带建筑众多。明珠次子揆叙在《益戒堂诗后集》中写道："臣父明珠于居之东偏龙华寺中建阁"[1]，可知纳兰家族宅邸位于龙华寺西侧一带。观《乾隆京城全图》，龙华寺在后海北侧。从图中可见，纳兰家族宅邸主宅共四进。陈平在《醇王府谈往》一文中对图中位置进行了描述：

> 它（明珠旧宅）大体可分为东、西、中三路。中路为一有四进院落的套院：前为三开间门房一排；中为五开间前堂一排；后为五开间后室一排，另加两侧各三开间耳房一排；最后是九开间二层的后罩楼一座。中路各进院落的东西两侧，还有厢房多间。东路有三进院落，前为六开间房一排，中为九开间房一排，后为九开间罩房一排。西路的占地最大，也最为空旷，面积相当于中、东两路之和，很像文献所说的西花园。院中房屋又可再分为东、西两组。东组前有五开间房两排，后有五开间罩楼一座。整个宅院均以高墙围绕，最前临街有围房一长排，约四十余间。[2]

纳兰家族宅邸在明珠五世孙成安时被抄没。成安初授三等侍卫，后升任为伊犁领队大臣。乾隆五十五年（1790），因性情疏懒，成安被撤职抄家。成安革职抄家或为其得罪当朝权相和珅所致。《啸亭续录》记载："至成公安时，以倨傲和相故，撄于法网，乃籍没其

【1】 揆叙：《益戒堂诗后集》，谦牧堂刻本。
【2】 北京市西城区委员会文史资料委员会编：《京城什刹海》，中国文史出版社 2001 年版。

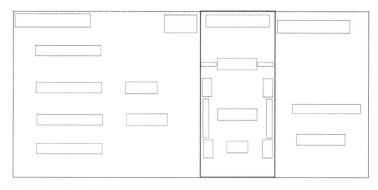

纳兰家族府邸示意图

产。"[1]《清高宗实录》对抄家一事有几段记载，在这些记载中成安写为"承安"：

> 乾隆五十五年二月戊寅……又谕："据保宁参奏，'伊犁锡伯部落领队大臣承安，玩惕性成，复耽麹蘖，一切事务竟置不问，屡经训饬，毫无悛改，请将员缺另行简放'等语……承安曾在乾清门行走，朕以为尚堪驱策，是以简放此任……承安即著革职，作为披甲，留于伊犁效力赎罪……"又谕曰："承安……除已降旨革职，留于伊犁效力赎罪外，著绵恩、阿桂将伊家户严密查抄，勿致稍有寄顿。"[2]

保宁（？—1808），图伯特氏，蒙古正白旗人。靖逆将军纳穆札勒子，由亲军袭爵，授乾清门侍卫，累迁至四川总督。乾隆五十二年（1787），调伊犁将军，兼内大臣，筹备仓储。乾隆五十五年（1790），赴四川，暂署总督事。

绵恩（1747—1822），乾隆之孙、定安亲王永璜次子。乾隆三十四年（1769），授右翼前锋统领。四十一年（1776），袭封定郡王。五十八年（1793），晋封定亲王。

阿桂（1717—1797），章佳氏，字广庭，号云岩，满洲正蓝旗

---

【1】 昭梿：《啸亭续录》，九思堂刻本。

【2】 庆桂等：《清高宗实录》，中华书局 1985 年版。

（后以功抬入正白旗）人。大学士阿克敦之子。乾隆三年（1738）举人，授户部郎中、军机章京，累官至太子太保、武英殿大学士。

查《清高宗实录》，保宁参奏成安时，乾隆帝正在东巡山东，住在德州行宫。[1] 乾隆帝看完保宁奏折后，将承安革职充军，抄家籍产。次日，在曲陆店行宫（今德州市平原县下辖村）时，乾隆帝发出第二道上谕：

> 昨据保宁参奏承安一折，已降旨绵恩、阿桂将伊家产查抄矣。伊住宅宽敞，欲改为王府，着金简、伊龄阿将伊住宅查看，绘图进呈。再，承安又非明珠嫡派后嗣，种种不肖，辜负朕恩，故查抄伊家。着赏给住房十余间，银二三千两，以资养赡。绵恩等接奉此旨，断不可意存瞻顾，致有寄顿、遗漏。[2]

乾隆称，承安"住宅宽敞，欲改为王府"，此或为承安获罪理由。

乾隆帝巡幸至泰安，在泰安府行宫，收到绵恩、阿桂查抄承安宅邸的奏报。乾隆五十五年（1790）三月初四日《内务府奏案》载：

> 查得承安住房一所，坐落鸦儿胡同，计二百六十七间，游廊五十间，住房东墙外祠堂十四间，众家人散居住九百八十九间……臣等因思，承安住房之东祠堂一所，向例不应入官，兹钦奉谕旨交臣金简、臣伊龄阿改建王府，原有祠堂未便，仍留该处。今查除承安住房三百余间外，尚有各项房屋二千八百四十余间，拟将此内西大街房屋一所，共计九十四间，遵旨赏给承安家眷居住，即令祠堂移入此内。[3]

可知，明珠宅邸规模最大时当有三千间。规模之大，在全国范围内，亦当属于前列。由此，亦可以想见纳兰成德生活时代，明珠家族的宅邸规模。

乾隆帝看到绵恩奏折后，又发一上谕：

> 昨据绵恩、阿桂等奏到、查抄承安家产，酌量留给养赡之资，每年租息二千余两，住房九十余间。

【1】 庆桂等：《清高宗实录》，中华书局 1985 年版。
【2】 庆桂等：《清高宗实录》，中华书局 1985 年版。
【3】 杨乃济著：《紫禁城行走漫笔》，紫禁城出版社 2005 年版。

朕细思之，租息既有二千余两，其原值即有二万余金，所办错误。伊之产业，俱系明珠婪取所得，从前已耗去十之七八，今仍富甲巨室。伊戚属内沾润者多，复兴尤甚，朕姑不究已往。仍令赏给承安养赡之资，已属格外，且绵恩、阿桂、金简、伊龄阿与伊俱无瓜葛，乃竟留给二万余金地亩，九十余间住房，毋乃瞻顾福康安、福长安情分耶？类此小事，尚用瞻顾，其余自更不待言。昨日一同召见军机大臣外，并未有独见之人，亦并非有人密奏。朕于夜不成寐时，思及日间所办之事，丝毫不肯忽略，是以交绵恩等另办。若仍敢徇情，试问伊等应得何罪。现在查出典当粮店，俱交内务府照常开设，地亩亦毋庸交部，并交内务府，令庄头兼管，以备王等分府之用。其余别项物件，仍着照例办理。[1]

按，福康安、福长安兄弟系富察氏，乾隆朝大学士傅恒之子（福康安系傅恒第三子、福长安系傅恒第四子），傅恒之妻即纳兰永寿的次女，也是乾隆舒妃的姐姐——乾隆四十二年（1777）五月三十日未时，舒妃薨，享年五十岁。福康安（1754—1796），字瑶林，号敬斋，由侍卫授户部侍郎、镶黄旗满洲副都统。乾隆四十九年（1784），随阿桂镇压甘肃撒拉起义，破石峰堡，封嘉勇侯，授协办大学士。乾隆五十二年（1787），以主帅身份率军镇压台湾林爽文起义。福长安（1760—1817），字诚斋，以侍卫出身，累迁正红旗满洲副都统。乾隆五十一年（1786）闰七月，补授户部尚书。

由此可见，成安抄家出自乾隆皇帝之命，且有对成安宅邸改建王府之意。《啸亭续录》"倨傲和相故"的记载，当为君主行事讳。

纳兰家族府邸被抄家前房屋大致数量为"查得承安住房一所，坐落鸦儿胡同，计二百六十七间，游廊五十间，住房东墙外祠堂十四间，众家人散居房九百八十九间"。众家人，当包括承安亲属并奴仆人等。除了以上一千二百间房屋外，其余各项房屋两千余间当系各种田产房屋、商铺资产等。

成安被查抄后，纳兰家族宅邸的去向历来有两种观点：以张琦翔先生为代表的一方认为，纳兰家族府邸被查抄后成为和珅别院宅邸，

【1】 庆桂等：《清高宗实录》，中华书局 1985 年版。

和珅被论罪后，被转赐给成亲王永瑆[1]；另一观点以杨乃济先生为代表，认为纳兰家族宅邸被查抄后被内务府收回，后赐予成亲王永瑆，未被和珅霸占。[2]

清制，旗人官员抄家后宅邸应被内务府接管。成安抄家在乾隆五十五年（1790），此时，和珅正是内务府大臣之一，权高势大，和珅当有机会将纳兰家族宅邸收入私囊。不过，据杨乃济先生考证[3]，乾隆五十五年（1790）内务府档案中有"查得承安住房一所……兹钦奉谕旨交臣金简、臣伊龄阿改建王府"。乾隆五十六年（1791）内务府档案又有"臣等遵旨将承安住房一所改为王府一座"。复合乾隆五十二年（1787）上谕，可知纳兰家族宅邸被查抄后，于乾隆五十五年（1790）奉旨改造成王府。

由乾隆五十六年内务府档案并后续档案记载，乾隆五十六年（1791），内务府呈递改建方案，乾隆五十七年（1792）开工，乾隆五十九年（1794）竣工。乾隆六十年（1795），成亲王永瑆已入府居住。

由此可见，和珅没有染指纳兰宅邸的机会。明珠宅邸为和珅所有的说法，当与《啸亭续录》记载承安获罪与和珅陷害有关，以讹传讹。

纳兰明珠以侍卫入仕，康熙十四年（1675），任吏部尚书，康熙十六年（1677）授武英殿大学士，后再加封太子太师衔，逐渐权倾朝野。康熙二十七年（1688），因阿附者众多，影响朝政，明珠被罢免武英殿大学士，后虽任领侍卫内大臣，但其政治势力不复往前。成德任侍卫，多随康熙出巡，于康熙二十四年（1685）因病去世，年仅三十一岁。揆叙在康熙晚年支持皇八子允禩，于康熙五十六年（1717）去世。雍正继位后，将揆叙墓前碑文改刻"不忠不孝阴险柔佞揆叙之墓"，并将其削职罢爵。揆方早亡，似并未出仕。

揆方长子永寿十六岁授佐领，越二年，擢一等侍卫。雍正初，特

【1】 张琦翔：《潜龙邸》，《紫禁城》1981 年第 5 期，第 22—24 和 47 页。
【2】 北京市西城区委员会文史资料委员会编：《京城什刹海》，中国文史出版社 2001 年版。
【3】 北京市西城区委员会文史资料委员会编：《京城什刹海》，中国文史出版社 2001 年版。

授散秩大臣、正黄旗满洲副都统，累官至兵部左侍郎、议政大臣。雍正九年（1731）正月初六日薨，年三十。揆方次子永福任侍卫，康熙五十八年（1719）四月，奉命与皇九子允禟第三女（姜完颜氏生）成婚。后官至内务府总管。雍正继位后，免职。后任盛京户部侍郎，直至乾隆四年（1739）。

永寿娶满洲正黄旗汉军副都统含太女、著名闺秀诗人关思柏为妻。成德之孙、富格之子瞻岱在雍正时期出任正黄旗满洲佐领等职，乾隆二年（1737）任直隶古北口提督，乾隆三年（1738）改任甘肃提督。永寿、关思柏生一子，早卒；四女，长适平郡王纳尔苏第四子固山贝子福秀、次适傅恒、三适阿巴泰裔孙护军参领希布禅、四女于乾隆六年（1741）选入宫，后封为舒妃。后，雍正命以其弟永福之子宁琇为嗣子，并抚养永福两女（适愉郡王弘庆、礼亲王永奎）。《啸亭续录》卷二"秀生有髭"载："纳兰侍卫宁琇，为太傅明珠曾孙。生时有髭数十茎，罗罗颐下。年弱冠，颜貌苍老，宛如四五十人。未三十，即下世。其家因之日替，亦一异也。"

纳兰家族屡任佐领之职，以此亦可见纳兰家族的亲友、世系情况。《钦定八旗通志》卷四《旗分志三》载满洲正黄旗：

> 第三参领第六佐领：系以穆占、赵色二佐领余丁编立，始令穆占叔祖尼雅哈之子、大学士明珠管理，明珠故，以其族孙长寿管理，长寿缘事革退，以其弟雅图管理，雅图升任景陵噶喇大，以其子佛保管理，佛保故，以其子什德管理，什德故，以其弟那兴阿管理，那兴阿故，以其子德明管理。
> 第三参领第七佐领系第六佐领内余丁，明珠管理佐领时，分编一佐领，以其长子兴德管理。兴德故，以其弟左都御史揆叙管理。揆叙故，以其子兵部侍郎永寿管理。永寿故，以其子宁琇管理。宁琇故，以其兄之子玉琳管理。玉琳故，以其子成安管理。成安革职，以其叔祖之孙那伦管理。

兴德，即纳兰性德。玉琳，当为宁琇族侄（成德三子之后）。成安，即承安，玉琳之子，为成德玄孙辈。

那伦，瞻岱之孙，继承安管理满洲正黄旗第三参领第七佐领之职

（嘉庆年间）、一等侍卫。嘉庆十八年（1813），"癸酉之变"，与白莲教众人作战阵亡。《啸亭杂录》卷六"癸酉之变"条载：

> 有侍卫那伦者，纳兰太傅明珠后也。少时家巨富，凡涤面银器，日易其一，晚年贫窭，一冠数十年，人争笑之。是日，应值太和门，闻警趋入。时有劝其缓行者，那故迂直，曰："国家世臣，当此等事敢不急赴所守耶？"因急趋至熙和门，门已闭，那方傍皇间，适贼蜂至，遂被害。[1]

纳兰家族众多成员本住后海宅邸一带，随着社会的发展，家族人员贫富分化，迁移零落，成安抄家后，本支更是如此。

按辈分，成安与那伦同辈，那伦之后，纳兰家族情况不见于文献，情形不详。

[1] 昭梿：《啸亭杂录》，中华书局 1980 年版。

## 二、成亲王府

清中期，纳兰家族什刹海府邸成为成亲王永瑆王府。

永瑆（1752—1823），号诒晋斋主人，乾隆皇帝第十一子，母为淑嘉皇贵妃金佳氏。乾隆五十四年（1789）十一月，封和硕成亲王。嘉庆四年（1799），在军机处行走。道光三年（1823）三月三十日午时薨，年七十二，谥曰哲。善书，与翁方纲、刘墉、铁保并称"乾隆四家"。著有《听雨屋集》《诒晋斋集》《仓龙集》。

纳兰家族宅邸主轴空间按照王府规制进行改建，其余空间应该也有调整。《钦定大清会典》卷六十四《府第》载：

> 凡亲王府制，正门五间，启门三，缭以崇垣，基高三尺。正殿七间，基高四尺五寸。翼楼各九间。前墀环护石栏，台基高七尺二寸。其上后殿五间，基高二尺。后寝七间，基高二尺五寸。后楼七间，基高尺有八寸。共屋五重。正殿设座，基高尺有五寸，广十有一尺，修九尺，后列屏三，高八尺，绘金云龙，雕龙有禁。[1]

乾隆五十六年（1791）正月二十九日，《内务府奏销档》载纳兰家族宅邸改造为成亲王府的情况：

> 臣等遵旨将承安住房一所改为王府一座，谨烫得地盘全样，于本年十二月初八日恭呈御览。奉旨："着照样准做。钦此。"
> 钦遵。臣等当即派员照依奏准烫样。将应修王府建盖大衙门神二座，各五间，头停俱（宜）绿色琉璃脊瓦料，正门、三门、二门俱（宜）绿色琉璃减边布瓦心，其翼楼、侧门、倒厅并茶饭房、值房各座头停俱（宜）布筒板瓦，按例详加估计。去后旋据覆称，实勘估得鸭儿胡同西口内路北旧房一处，今建盖王府一座，东西面阔四十二丈，南北进深四十八丈五尺。拟将中所拆盖正门五间，后楼九间，配房、耳房、转角房、值房共计三十六间；其西二所现有楼房、大房、厢房、顺山房等座共六十八间，大木墙垣尚属坚固，毋庸拆修，仅止头停间有渗漏，台基地面走错酥碱，应行揭（宜）、粘补见新。又拆盖照房八间，耳房一间，挪盖围房、住房六十九间。至二所原有厨房、茶房、库房，今拟挪盖住房三间，照房五间，书房三间，厢房、耳房、值房三十七间；正

---

【1】　允祹等：《钦定大清会典》，吉林出版集团 2005 年版。

门外挪盖倒厅、侧门、转角围房、值事房共五十九间，东门外马圈房三十间，以上应修大小房间楼座等项共计三百六十六间，垂花门二座，门罩二座，游廊、净房七十二间，外围修砌大墙长一百四十丈，看墙长九丈，院墙凑长二百七丈，院内出水暗沟长一百五十丈，添安青白石狮子一对，月台一座，丹陛二座，门口二十五座，并海墁甬路，散水，内里装修以及油画裱糊等项工程。除将承安原旧住房四百二十二间拆得大木、装修并石料、砖瓦尽数拣选抵用，及行取各项物料应用外，按例估需物料工价银十一万九千六百四十五两五钱一分二厘……伏候命下，臣等拣派妥员即于今冬备料，明春如式修理。[1]

据奏案称，改建后的成亲王府大致分作东、西、中三路，格局与后来的醇亲王府北府类似，西侧两路是住房，东一路是马号，中路如按《大清会典》中的亲王规制应为五进院落，并修建正门五间，建成银安殿、佛殿、祠堂马号等。[2] 改建完的成亲王府邸"东西面阔四十二丈，南北进深四十八丈五尺"，此面积约两万平方米（三十一亩）。成亲王府西侧新建有花园，据乾隆六十年（1795）十二月二十日《内务府奏案》记载，可知其基本情况：

实修得王府添建花园一座，内正房一座七间，前接抱厦五间，照房一座五间，戏台一座，过彩游廊一间，扮戏房五间，两边值房二座，每座三间，游廊四座四十八间，净房二座二间，西所正房一座五间，垂花门一座，前河泡南岸楼房一座五间，东边向西房一座三间，北山抱厦一间，楼西边平台房一座二间，土山上四方亭一座，六方亭一座，敞厅一座三间，点景房一座二间，南山抱厦一间，东配房一座三间，净房一间，随山游廊六间，一高二低房一座三间，门罩一座，看守房二座六间，三孔木板桥四座，大墙凑长一百四十二丈一尺，院墙凑长七十五丈六尺，补临河土墙凑长五十六丈，旧大墙开安门口一座，粘修围房三间，接盖穿堂一间，进水、泄水涵洞二座，西大墙外挪盖看守房一间，添做栅栏一座，排造小船二只，铺墁甬路、散水，成做内檐装修，油画糊裱，开挖河道、水泡，成堆山石泊岸、土山。[3]

【1】 杨乃济著：《紫禁城行走漫笔》，紫禁城出版社 2005 年版。
【2】 北京市西城区委员会文史资料委员会编：《京城什刹海》，中国文史出版社 2001 年版。
【3】 杨乃济著：《紫禁城行走漫笔》，紫禁城出版社 2005 年版。

京城水源不丰，除皇家外，任何人不准引水入园，成王府花园的"进水、泄水涵洞二座"，系引什刹海之水进出园内的通道，此为乾隆帝特许；"六方亭一座"则应为永瑆为谢皇恩而建的"恩波亭"。

据《乾隆京城全图》可知，原纳兰家族宅邸只有四进，且进深较短，成亲王府邸改建后中路为五进院落。纳兰家族府邸第一进院落位置成为王府扩建后的第二进院落一带。纳兰家族府邸前原有一条簪儿胡同，与鸦儿胡同相连；光绪三十四年（1908）的北京城地图上簪儿胡同已被截为两半。之所以如此，即与此次成亲王府扩建将府前簪儿胡同分为二节有关。簪儿胡同的中间部分被占，成为王府扩建后的第一进院落，王府门前已紧邻什刹海。[1]

因簪儿胡同中间部分成为成王府府门，簪儿胡同被中间截断，成王府府门外上半段胡同改称药酒葫芦，民国后谐音改为孝友胡同；府门外下半段胡同改称甘水桥胡同，后改为甘露胡同。

---

[1] 徐秀珊：《简论什刹海地区环境与街巷的关系》，《北京社会科学》2000年第1期，第87—93页。

# 三、醇亲王府

至清晚期，原成亲王府又被赐予醇亲王奕譞，纳兰家族宅邸遂演变为醇亲王府，这是纳兰家族府邸第二次演变为王府。

因成亲王王位并非世袭罔替，到其五世孙贝子毓橚时，爵位降为贝子，不再适合住在亲王府邸，成王府遂被朝廷收回，改赐醇亲王奕譞，为醇亲王北府。

奕譞（1840—1890），字朴庵，号九思堂主人，道光二十年（1840）生，道光帝第七子，咸丰帝异母弟，光绪帝生父。道光三十年（1850）封醇郡王。辛酉政变后，慈禧执掌权力，奕譞因功受到重用。同治三年（1864），奕譞加亲王衔，同治十一年（1872）晋封亲王。同治帝驾崩后无嗣，由奕譞次子载湉继承大统，奕譞也因此恩封世袭罔替，成为铁帽子王。

奕譞府邸原在太平湖，载湉继位，是为光绪帝。慈禧太后令将什刹海北岸的成亲王府赐予奕譞，并拨款十万两，用于王府改建。《燕都丛考》记载："光绪十四年，以贝子毓橚府第赏给醇亲王，而以西直门半壁街之房赏给毓橚。醇王府在瑞应寺之西，面临十刹海，当即成亲王故府。"[1]

此番修建，除了对门楼、殿宇进行翻新外，还整修了王府的东西两路建筑和西花园。东路建筑新建了任真堂等建筑，西路建筑新建了九思堂等建筑，西花园也进行了相应的整修。光绪十五年（1889）修成后，醇亲王携家人迁入，其府改称醇亲王新府，以与太平湖的醇亲王府相区别。王府占地约六万平方米，包括府邸和花园两部分，是成亲王府邸的三倍。

光绪十六年（1890），醇亲王奕譞薨，享年五十一，谥号贤，爵位由五子载沣袭爵。载沣，字伯涵，号静云，醇亲王奕譞第五子，光绪帝载湉异母弟，宣统帝溥仪生父。光绪十六年（1890）袭亲王爵，

---

【1】 陈宗藩：《燕都丛考》，北京古籍出版社 1991 年版。

　　　　　　　　　　　　　纳兰成德宗族北京碑刻文物史料

是为第二代醇亲王。

光绪末年，在北京内外城各设十区，取代原有的八旗区域划分。醇亲王府由原所在的正黄旗演变为内右三区。

光绪三十四年（1908）十月二十一日，光绪皇帝驾崩，年三十八岁，慈禧太后命载沣之子溥仪继承皇统，过继于同治帝载淳，同时兼承光绪帝之祧，一人祧两房，即宣统帝。醇亲王北府又成为"潜龙邸"，故在今中南海西北角一带为载沣修建新王府，但到清朝覆灭时仍未竣工。在此期间，载沣仍住在什刹海北岸的醇亲王府。

在北洋政府时期，北京城内的区划基本没变，纳兰家族什刹海府邸原址的醇亲王府还属于内右三区。南京国民政府时期，北京改为北平，城内区划重新划分，内右三区改为内五区。载沣曾迁往天津居住，后又辗转回到什刹海北岸的醇亲王府，依然是醇亲王府的主人。

民国时期，常有部队强占房屋，毁坏古迹。蒋介石曾下令，为免有辱斯文，禁止部队占用学校房舍。载沣欲以此方式办学从而保护王府。因醇王府紧挨什刹海，而什刹海曾有净业湖的别名，于是采用"净业"的谐音，在府内开办"竞业小学"，后小学迁于家庙位置。1949 年 9 月，载沣将醇亲王府出售给国家重工业部所属国立高级工业学校。

中华人民共和国成立后，原醇亲王府一分为三，西部的王府花园自 1963 年成为了宋庆龄先生的住所，宋庆龄一直生活在这里，直到 1981 年去世，后改为宋庆龄故居，并对外开放；中部府邸由卫生部使用，在 2003 年经过维修后，成为国家宗教事务局办公地点；东部马号，又称摄政王府马号，后为北京市第二聋人学校。府邸、花园均保存较好，马号有东西两个院落，现存部分房间。王府建筑、规模基本保持原样。1982 年宋庆龄故居被公布为全国重点文物保护单位。1984 年醇亲王府被公布为北京市文物保护单位，2006 年醇亲王府府邸被公布为全国重点文物保护单位，是北京保存最为完好的王府之一。

醇亲王府现占地约四万平方米，分为中、东、西三路建筑。中路为王府主体建筑，共五进院落，由南向北分别为街门、府门、银安殿、

醇亲王府平面图

| 遗念殿 |
| 寝殿 |
| 寝门 |
| 银安殿 |
| 府门 |
| 街门 |

醇亲王府示意图

寝门、寝殿、遗念殿（后罩楼）；东路主要有排房四进，包含有王府家祠、佛堂等附属建筑；西路由东、西两组建筑空间组成，为生活区，南部为排房，西边排房后有五进院落，东边排房后为四进院落。王府东南角还存有马号，共分为东西向两个院落，目前仍有马槽。

赵超《醇亲王家族府邸、花园、园寝建筑特色及成因探究》一文对醇亲王府中轴线一路建筑有比较详细的描绘：

> 醇亲王府中路建筑的第一进院落，最南端为王府的街门，面阔五间，进深三间，硬山顶，北部正中为府门，面阔五间，进深五檩，单檐歇山顶，绿琉璃瓦屋面，额枋绘和玺彩画。第二进院落，北部正房为银安殿，也称正殿。面阔七间，歇山顶，绿琉璃瓦屋面，压脊七种，绘和玺彩画。第三进院落，北部正中为寝门。面阔三间，硬山顶，绿琉璃瓦屋面，压脊五种，木构架绘金线大点金旋子彩画。第四进院落，北部正房为寝殿，也称神殿。面阔五间，进深九檩，单檐硬山顶，绿琉璃瓦屋面，额枋绘金线大点金旋子彩画，压脊五种。第五进院落，北部为后罩楼，又称遗念殿。面阔九间，进深七檩，二层，硬山顶，筒瓦屋面，压脊五种，额枋绘金线大点金旋子彩画。[1]

醇亲王府的花园部分现为宋庆龄故居。

纳兰家族宅邸赐予成亲王时，朝廷曾按照王府规制进行改建，花园地方增建了其他建筑、造景。因得到乾隆皇帝的特许，将什刹海之水引入园中，在园中营建了湖、山、树、石等秀丽风景，并为答谢皇恩建造"恩波亭"。乾隆六十年（1795）内务府奏案中称，成亲王府花园格局有"前河泡南岸楼房一座五间""土山上四方亭""六方亭""戏台"等，与现在的规制相似。以什刹后海引水入园，园内前后两个大水泡，花园的轴线布局等，也基本得到了保留。醇亲王奕譞迁入时，又对花园进行了精心的整修，并新建了听雨屋、菫亭等景观。

中华人民共和国成立后，花园北部在原有建筑基础上改建为宋庆龄故居。王府花园平面大致为长方形，占地约两万平方米。园中与府平行的中轴线上有一组主体建筑。分为南、北两个部分，北部为两进

---

【1】 赵超：《醇亲王家族府邸、花园、园寝建筑特色及成因探究》，北京工业大学，2016年。

街门

府门

银安殿

寝门

寝殿

后罩楼

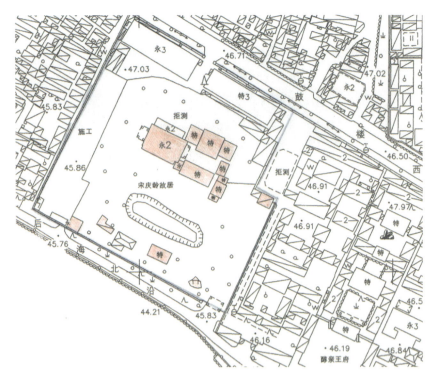

宋庆龄故居平面图

濠梁乐趣

　　　　　　　　　　　　　　纳兰成德宗族北京碑刻文物史料

恩波亭 南湖

院落，第一进院落包括濠梁乐趣、戏台、益寿堂，第二进院落包括畅襟斋、观花室、听鹂轩、南楼、蕙亭、听雨屋、恩波亭和"岁岁平安"石等。园中现存有康熙手书"五峰竞秀"匾额和南楼前纳兰成德手植两株"明开夜合"花树，说明成亲王、醇亲王府邸包括部分纳兰家族宅邸范围。成亲王、醇亲王府邸花园可能在纳兰家族府邸花园基础上向西扩建而成。[1]

【1】　北京市西城区委员会文史资料委员会编：《京城什刹海》，中国文史出版社 2001 年版。

南楼

南楼和南湖

"岁岁平安"石和瑰宝亭

莲亭和听雨屋

　　　　　　　　　　　　　　　纳兰成德宗族北京碑刻文物史料

# 第二章 纳兰宗族园林文物史料

　　顺治元年（1644），顺治皇帝入关，纳兰家族随之迁居北京，分有旗营、旗地。自此，纳兰家族常年生活于北京，并因公务、私务，足迹遍布京师各地，尤其是随着明珠的崛起，财力大涨，大量置办田产、房屋，在北京修建众多宅园。如今所知明珠家族园林除明珠宅邸并花园外，复有皂荚屯花园、桑榆墅、渌水亭、自怡园以及水磨村园林。这些家族园林是纳兰家族在京史迹的重要组成部分，体现了纳兰家族政治、艺术、生活等方面的真实面貌，成为今天研究纳兰家族的重要资料。

　　纳兰家族园林或是依家族茔地而建，满足后世子孙来此祭祀先人、生活、读书的需求；或是作为方便觐见皇帝的休憩之所，满足园主人居住、生活、娱乐等需求；亦或是作为纳兰成德、纳兰揆叙与纳兰揆方读书、会友之地，方便他们在园中游玩休闲、娱乐、读书、写作，满足园主人和友人一起吟诗作赋、探讨学问、增进友谊、促进仕途的需求。

　　以上纳兰家族园林现多已不复存在，对这些园林的存在与具体位置，学界也存有争议，下文将从园林情况、建造年代及建造者、具体位置三方面对纳兰家族园林进行考辨。

# 一、皂荚屯明珠花园

皂荚屯明珠花园，又称明府花园，位于今北京市海淀区上庄镇上庄村，为著名词人纳兰成德之父、清初康熙朝重臣纳兰明珠依其祖茔所建，为后世子孙祭祀先人时的休憩之所。

皂荚屯建有阴阳两宅，阳宅中复建有花园，占地约五十亩，为多进四合院，约建于顺治十八年（1661），于清中期逐渐荒废，后演变为村落，成为今日海淀区上庄村。曾留有残垣五十余米，现今已不复存在。

## （一）建造年代

皂荚屯明珠花园的建造年代约为清初，上庄村内有青砖壁井一口，当地人俗称"北井"。据徐征考证，井旁墙内嵌一螭首方座小碑，通高 0.76 米，碑首高 0.2 米，宽 0.22 米，镌有"大清"二字；碑身高 0.38 米，宽 0.19 米，南侧刻有"井泉龙王神位"，右侧刻有"辛丑岁葭"；碑座高 0.18 米，宽 0.28 米。碑首与碑身断裂，铭文清晰可见。当地人称，先有坟地，后有花园。建造年代大约是顺治十五年（1658）至顺治十八年（1661）。

清朝近三百年，共有五个"辛丑"年，分别为顺治十八年（1661）、康熙六十年（1721）、乾隆四十六年（1781）、道光二十一年（1841）、光绪二十七年（1901）。按照明珠存年（1635—1708）、成德存年（1654—1685）、揆叙存年（1674—1717）与明珠家族的势力消长而言，此"大清辛丑"当为顺治十八年或康熙六十年。康熙五十九年（1720）九月，赐进士出身、翰林院编修加一级华亭王时鸿撰《重修榆河乡东岳行宫碑记》中写道：

> 都城德胜门之北，有曰榆河乡，中有皂荚屯者，或云昔造甲处。其地平原广野，土厚水深……主穴乃相国之考妣，以故相国岁时瞻扫，□流连栖息于丙舍中。梵宫琳宇与丙舍邻，而鼎峙于二三

里内者，曰东岳庙，曰真武庙，曰龙母宫，皆古名刹。[1]

所谓丙舍，指正房旁边的耳房。《千字文》："丙舍傍启，甲帐对楹。"梵宫琳宇，即墓园附近的东岳庙、真武庙、龙母宫。成德不时与友人往来于此，或者扫墓，或者休憩。好友姜宸英即有《容若邀游城北庄，移舟晚酌》诗，云："散漫杨花雪满堤，停船只在画廊西。东风底事催归急？不管狂夫醉如泥。"

明珠家族失势后，逐渐衰落。明珠五世孙成安革职抄家后，京郊的明珠花园也逐渐衰落下去[2]，慢慢演变为上庄村——上庄村概出现于清代中晚期，村名出现于《光绪昌平州志》，当是明珠家族衰落后，家丁、坟户、农户并相应人员聚集成村。

## （二）皂荚屯明珠花园的规模

皂荚屯明珠花园占地大约五十亩，东西长 260 米，南北宽 120 米，略呈长方形。随着近几十年来的发展，现在的上庄村面积比原有面积又有所扩大，近似正方形，边长约为一千米。

花园亦大约可分为东中西三路：中部为三进四合院，西部为花园，东部为车马库，花园东部的北边有马圈，中间有堆房，南边有车马库，西部的北边堆有假山，山上有敞亭，南边有莲池。

## （三）花园遗址现状

明珠花园的遗址现状，《海淀区地名志》记载："上庄村中心原是明珠花园，现在龙湾子河南沿残存数十米围墙。"在它遗址残存的围

---

【1】　碑文认为，东岳大帝祀在山东泰山、真武大帝祀在湖北武当山，他处祭祀所在皆为大帝行宫。

【2】　当地曾有传说，乾隆末年，和珅曾来此索要珠宝未成，回京后，奏称纳兰家养四虎，拦路伤人，乾隆帝闻讯大怒，下旨查抄了这座别墅。

墙、古井、土山和石碣，以及周围流传至今的一些地名，还能使我们对花园的规模、布局以及始建年代等，做出较为合理的推断。

明珠花园位于皂荚屯村西，上庄村北，整体呈扁方形，东西长260米，南北宽120米，占地约五十亩。花园四周如今还保留着断续相接的围墙：北墙残存约150米，南墙20米，东墙、西墙皆不足10米。花园的轮廓清晰可见。围墙以三合土筑成，高3米，底宽1.3米，顶宽0.4米，质地非常坚固，如今，仍极为结实。

花园四周各辟街门，南墙正门前有照壁一座，如今仍有"大影壁"的地名。北门地名为"更道"，出北门，过石桥，可到北寿地。东墙、西墙设便门，地名为"东门口""西门口"。花园内东部为三进四合院，是供生人居住休息的生活用房；西部是小花园，北侧为一座土山，山上仍存有修建小亭的建筑基础；山下有古井一眼，青砖砌壁，石井盖镶两个圆形井口，南侧另有一眼古井，井旁砖壁嵌有一块石碣，高0.76米，碣首镌"大清"两个楷书大字，碣身刻"井泉龙王神位"六字，右侧刻"辛丑岁葭"四字。

据徐征、于岱岩、黄兆桐等人考证，20世纪，上庄村月牙河往南约30米地方，有一道与河并行土石结构灰墙（东西走向约50米，高约3米），灰墙底部宽约1.5米，顶部宽约0.5米，系白灰、砂石和江米浆混合后夯筑而成。以此墙为界，墙南为明珠花园，墙北即南北寿地。20世纪时，花园西部曾遗存西墙（南北走向)10多米，南墙（东西走向）20米，北墙断续残存。花园中遗有四眼井一口，井壁为青砖，井直径2.3米，从地面到水面2.2米，青条石作井盖上凿四眼。井盖厚0.28米，每眼井直径0.68米。

课题组近期对皂荚屯明珠花园进行实地考察，古井、井碑还在，但残垣已无。询问当地村民，得知因在纳兰成德墓附近修建南北公路，故将残垣拆除，只有西花园、东门口、西门口、马圈、荷塘、大影壁、戏楼、更道等地名仍在当地百姓记忆中留存。

## 二、桑榆墅

桑榆墅位于北京西郊双榆树，今中国人民大学中南部，是纳兰成德读书、会友之地。成德之母觉罗氏死后曾暂厝于此，成德长子福哥即葬于此地。

### （一）桑榆墅的建园时间

桑榆墅地方南临长河，土地平旷，泉源密布，是西直门从香山、八大处一带经行之地。约建于康熙初年。[1]据学界考证，桑榆墅四至大约如下：东至躺碑庙，西到万泉庄，南至三义庙，北到桃花村，别墅遗址在中国人民大学校园内。

### （二）桑榆墅的功能

康熙三年（1664），三十岁的明珠迁内务府总管（正三品）；康熙五年（1666）任弘文院学士，开始参与国政。康熙九年（1670），升都察院左都御史；康熙十一年（1672）任兵部尚书；康熙十四年（1675）十月，转吏部尚书。《清史稿》卷二六九《索额图、明珠传》载："明珠既擅政，簠簋不饬，货贿山积。"

明珠利用聚敛的丰厚财产，广置田产园林，在西直门西北十余里处建造桑榆墅。并在桑榆墅中多植树木，有桐树、槐树、竹子，果木有桃树、杏树、樱桃，尤以桑树、榆树为多。"桑榆"二字即指的是园中多桑树、榆树。

---

【1】　或者以为，明珠建造此园，是为侍卫皇帝驻跸玉泉山所用。按康熙十九年（1680），皇帝在玉泉山建造行宫，初名澄心园——康熙三十一年更名静明园；畅春园建于康熙二十年左右，康熙二十四年二月二十二日，《康熙起居注》才有了皇帝"移驻畅春园"的记载。康熙二十六年，皇帝才正式"移驻畅春园"。成德与顾贞观曾居桑榆墅。纳兰成德亡于康熙二十四年，因而，明珠建造此地当为休闲所用，与玉泉山、畅春园侍候皇帝无干。

## （三）桑榆墅与顾贞观

桑榆墅中有三层小楼，成德来此，往往登高远望。成德辞世后，好友顾贞观与人登黄鹤楼，作《弹指词·大江东去》，有"等闲辜负，第三层上风月"。词后注云："呜呼！容若已矣！余何忍复拈长短句乎？是日狂醉。忆桑榆墅有三层小楼，容若与余昔年玩月去梯，中夜对谈处也，因寓此调，落句及之。"

成德同顾贞观在桑榆墅赏景时，作有《桑榆墅同梁汾夜望》诗：

> 朝市竞初日，幽栖闲夕阳。
> 登楼一纵目，远近青茫茫。
> 众鸟归已尽，烟中下牛羊。
> 不知何年寺，钟梵相低昂。
> 无月见村火，有时闻天香。
> 一花露中坠，始觉单衣裳。
> 置酒当前檐，酒若清露凉。
> 百忧兹暂豁，与子各尽觞。
> 丝竹在东山，怀哉讵能忘。

康熙二十四年（1685）春，在成德病逝之前，他与顾贞观再来桑榆墅，写下了他关于这座别墅的最后两首七绝《偕梁汾过西郊别墅》：

> 迟日三眠伴夕阳，一湾流水梦魂凉。
> 制成天海风涛曲，弹向东风忽断肠。
>
> 小艇壶觞晚更携，醉眠斜照柳梢西。
> 诗成欲问寻巢燕，何处雕梁有旧泥。

"天海风涛曲"，出李商隐《柳枝五首》序："柳枝，洛中里娘也。……生十七年，涂妆绾髻，未尝竟，以复起去。吹叶嚼蕊，调丝擫管，作海天风涛之曲，幽忆怨断之音……"故后世以"天海风涛曲"代指歌女所唱曲子。成德致严绳孙书云："吾哥所识天海风涛之人，未审可以晤对否？弟胸中块垒，非酒可浇，庶几得慧心人以晤谈消之而已。"

康熙二十三年（1684），成德三十一岁，顾贞观携常熟女沈宛入京，成德纳沈宛为妾。沈宛，字御蝉，浙江湖州乌程人，精琴棋书画，善词，有《选梦词》，存五首。江苏人陈见鑨（字在田，号淮士。江苏常熟人，工诗词，有《藕花词》）作《风入松·贺成容若纳妾》，云：

佳人南国翠蛾眉。桃叶渡江迟，画船双桨逢迎便，希微见、高阁帘垂。应是洛川瑶壁，移来海上琼枝。
何人解唱比红儿，错落碎珠玑。宝钗玉臂樗蒲戏，黄金钏、幺凤齐飞。潋滟横波转处，迷离好梦醒时。[1]

成德写桑榆墅诗，言及"天海风涛曲"，或者沈宛居此。"小艇壶觞晚更携，醉眠斜照柳梢西"，可知成德、顾贞观有携酒戏舟事。

康熙二十四年（1685）五月，成德卒，则成德诸子女多在三至八岁之间。秋，沈宛生成德幼子富森。

<hr>

【1】 南京大学中文系编：《全清词》（顺康卷），中华书局 2002 年版。

# 三、渌水亭

## (一) 具体位置

渌水亭系明珠家族园林，因成德并友人诗词中常写及此地雅集，尤其是因成德的《渌水亭宴集诗序》《渌水亭杂识》而得大名。

成德成年时期，渌水亭经常是胜友如云，高朋满座，一再出现在诸多诗文作品中，在清代文学史上占据一席之地。但是，这样一处知名建筑的具体位置却少时人记载，以至于学界争议颇多，未能达成一致意见。那么，为什么会出现这种情况呢？

首先，成德及其朋友在诗文中都没有明确指出渌水亭的具体位置。其次，虽然很多诗文作品中都描写过渌水亭周边的风景，但由于中国古代文学用典的模糊性、多义性，不同学者对涉及渌水亭的诗词解释不一。最后，虽然乾隆时期就有学者对渌水亭的位置有过记载，但是所据为何、是否曾至渌水亭，也不得而知。

当下学界对渌水亭位置的研究有三种说法：其一，渌水亭位于海淀区玉泉山附近；其二，渌水亭位于西城区后海北岸的明珠府邸花园（今宋庆龄故居）之内；其三，渌水亭位于海淀区上庄皂甲屯。

### 1. 海淀区玉泉山附近说

该说出现于清代。吴长元《宸垣识略》载："渌水亭在玉泉山麓，大学士明珠别墅，子侍讲成德尝于此亭著《大易集义粹言》。"嘉庆十年（1805）——日本文化二年——日本画师冈田玉山等人编绘描绘我国各地名胜的《唐土名胜图会》刊刻于世。在卷四的一幅《苑囿图》上，绘有香山、玉泉山、昆明湖等皇家苑囿。其中，在玉泉山麓的裂帛湖畔，有一亭上标"渌水亭"，位于裂帛湖东侧、功德寺之西南、高水湖北岸，亭东为玉河。故而，学界一般认为渌水亭位于玉泉山下。故而，嘉庆年间，戴璐《藤阴杂记》载："渌水亭为成容若著书处，在玉泉山下。"道光、咸丰年间，周寿昌《思益堂日札》载："渌

《唐土名胜图会·顺天府·苑囿郊坰》中的"渌水亭"

水亭在玉泉山下，为容若著书处。今访其遗址，亦无有知者。"

当代学者持渌水亭在玉泉山附近之说且考证比较翔实的，当属张宝章、樊志斌等人。尤其可贵的是，樊志斌针对学界渌水亭研究的方式、方法，提出渌水亭考证应该坚持的原则和思路：考证首重一手材料（即吴长元的《宸垣识略》）。渌水亭位置考证应坚持三个基础：（1）目前尚没有切实的资料能够推翻吴长元的记载；（2）没有明确写及渌水亭的诗文，不应作为渌水亭考证的资料；（3）古诗词用典、用词的理解，必须结合诗作作者、写作地相关的史地与民俗加以考虑，避免出现各说各话的解读。[1]

笔者赞同樊志斌先生提出的考证思路，考虑到中国古代文学史的写景、用典，难以据《渌水亭集饮诗序》的文学描写来确定渌水亭的位置。

2. 西城区后海北岸的明珠府邸花园之内说

清代文献中没有明确写及渌水亭在城内后海明珠府邸花园内的文字。

【1】 樊志斌：《渌水亭与纳兰成德考辨——兼谈纳兰在京西的成长与家族在京西海淀一带的别墅》，《海淀史地考论》，新华出版社 2017 年版，第 23—37 页。

首次明确认定渌水亭在北京城内后海的是张任政先生。20 世纪 30 年代，张任政在《纳兰成德年谱》中提出"渌水亭确在什刹海"。随后这个观点为不少研究者接受。当代学者，持渌水亭在后海的明珠府邸花园之说的，有溥任、周汝昌、张一民、王建文等先生。溥任先生甚至认为现宋庆龄故居中的"恩波亭"，"即建在当年纳兰成德宴集宾朋之'渌水亭'故址上"[1]。

持此观点的学者，其主要依据是《渌水亭集饮诗序》中的"予家象近魁三，天临尺五"。但这一句仍然是文学性的描写，实证尚显不足。此外依据是揆叙《禾中留别竹垞先生得五百字》中有"门前渌水亭，亭外泊小船。平池碧藻合，高树红樱悬"的描述，"红樱"即合欢树：成德在病世前七日，曾与朋友在庭园中宴集，并以阶前两株合欢花分题歌咏。现在宋庆龄故居中有六株合欢花树，其中有两株树龄大约有二三百年，可以推断是成德生前手植。既言"门前渌水亭"，则渌水亭当在成德家宅外积水潭地方。

另外，成德的《天仙子·渌水亭秋夜》其一，提到"西南月落城乌起"，说明在渌水亭，能够看到城头的乌鸦呱呱飞起。而后海的明珠府邸，距离北京内城的北城墙只有短短五百米左右。如果渌水亭在玉泉山附近，则因离城超过十公里，诗人可以说树上的鸟飞起，却很难特地强调"城乌起"。秦松龄《哭一等侍卫成容若》中也提到"渌水亭幽选地偏，稻香荷气扑尊前。夜深怕犯金吾禁，几度同君对榻眠"。"金吾禁"，指的是古代在城内实行夜禁制度。《大清律》记载："凡京城夜禁，一更三点钟声已静之后，五更三点钟声未动之前，犯者笞三十；二更、三更、四更犯者笞五十。外郡城镇各减一等。"一更三点即晚上 20:12，五更三点即早上 6:12，二更、三更、四更是从晚上的 21:00 至凌晨的 5:00。为了更好地执行夜禁制度，在明清时期，北京内城、外城之内，每条胡同的两头都设有木质栅栏，派士兵把守，夜间关闭，以防范行人出入。

【1】 溥任：《纳兰性德与〈通志堂集〉》，《紫禁城》1989 年第 1 期，第 22、32 页。

3. 海淀区上庄皂甲屯之说

持这一观点的学者较少。其依据是朱彝尊《台城路·夏日，同对岩、苏友、西溟、其年、舟次、见阳饮容若渌水亭》中"一湾裂帛湖流远，沙堤恰环门径。岸划青秧，桥连皂荚，惯得游骢相并"中的"桥连皂荚"。但"青秧"与"皂荚"相对，说明这里的"皂荚"只是一种植物，而非特指"皂荚屯"。

4. 是否有两个渌水亭

渌水亭在玉泉山下说与渌水亭在积水潭明珠宅邸说之所以长期并存，是因为各自皆有所据，又各有驳斥对方的理由。

城内说认为，玉泉山说所据《宸垣识略》出版于乾隆五十三年（1788），离成德辞世已经超过百年；而揆叙渌水亭雅集也距离吴长元著书有六七十年。《唐土名胜图会》当亦是据《宸垣识略》等书描绘的。不能为据。而城外说则认为，清代北城密设八旗，不可能再有大面积的稻田，完全不符合成德《渌水亭》"野色湖光两不分，碧云万顷变黄云。分明一幅江村画，着个闲亭挂夕曛"的描写，而且吴长元学问扎实，其书明确写及渌水亭位置[1]，自当是勘察后的记录，不可轻易怀疑，城内说所据皆可入于文学书写技法。

不过，清代著名学者翁方纲（1733—1818）曾多次和朋友一起，在明代著名政治家、文学家李东阳（号西涯，也作西厓）生日当天（六月九日），举行一系列缅怀李东阳活动，包括拜其像、谒其墓、做其寿及诗书画雅集等内容。嘉庆三年（1798）雅集中，翁方纲作《是日，诸君于积水潭上，作〈西涯生日图〉四首》，中有"渌水亭应续笔谈，尽图诗境接诗龛"的文字[2]，说明他认为渌水亭是在积水潭，也就是明珠府邸花园内。翁方纲在《西涯图记》中写道："西

---

【1】 乾隆时，著名史学家邵晋涵为《宸垣识略》所作序云："博观而约取，以身所涉历，融洽前言，编纂成书，题曰《宸垣识略》。其叙载必有依据，语尚雅驯。"

【2】 翁方纲《是日，诸君于积水潭上，作〈西涯生日图〉四首》："合作西涯五画家，真从卷里见长沙。僧窗似借柴门样，留取风神照藕花。积水南湾此极西，平泉旧业指招提。白洲督复初何有，楼倚三椽架屋低。渌水亭应续笔谈，尽图诗境接诗龛。西峰雨后添深翠，特为茶瓯送远岚。西涯楚老西厓浙，风月文章二百年。今日西湖谋画稿，重留韵到江船。（予以此稿寄谢蕴山，俾奚、方二君重绘于杭也）"（清）翁方纲：《复初斋诗集》卷五十二，《是日，诸君于积水潭上，作〈西涯生日图〉四首》，清刻本。

涯者，德胜门水关之内，法华寺之南，海子积水潭之西。……际稻田而北，屋宇隐隐，犹想象查初白、唐东江诸人唱咏处。"[1] 可知，翁方纲时代，积水潭一带稻田广布，而且翁方纲知道查慎行（字悔余，居初白庵）、唐孙华（字实君、东江）在此吟咏事。

道光时期，边浴礼《秋晚，过十刹海明相国园址》，提到"鸡头池涸谁能记，渌水亭荒不可寻"。"鸡头池"是什刹海的别称，查慎行《食鸡头》诗中有"鸡头池上剥鸡头"，自注"京师德胜门内有鸡头池"。再加上诗题为"过十刹海"，由此可知，边浴礼也认为渌水亭在后海的明珠府邸花园。当然，边浴礼同样没有亲眼见过渌水亭，而且他的时代比吴长元还要晚六七十年。因此，他的诗也难以作为推断渌水亭位置的可靠依据。

既然揆叙《禾中留别竹垞先生得五百字》有"门前渌水亭，亭外泊小船"，渌水亭雅集、成德有"予家象近魁三，天临尺五"的说法，而吴长元《宸垣识略》卷十四有"渌水亭在玉泉山麓，大学士明珠别墅，子侍讲成德尝于此事著《大易集义粹言》"的说法。康熙二十三年（1684）冬，朱彝尊曾观赵孟頫名作《鹊华秋色图》"于纳兰侍卫容若之渌水亭"，并为之题签。或者，与明珠家族有关的渌水亭有两处：一处为池中小亭，位于明珠宅邸外积水潭内；另一处是成德学习生活别墅，在玉泉山脚下？

近代学者夏孙桐（1857—1941）作《绛都春·分咏京师词人第宅》词一首，题注"得纳兰容若渌水亭，在玉泉山下"。

> 莲涧渚晚。问緱岭堕音，吹笙人远。豹尾退闲，蜗角幽栖依琼苑。重光词笔同凄怨。恁抱膝、繁华轻遣。倚阑曾是，梨花落后，望春深浅（集中有《渌水亭春望》词）。
> 一片，璇流漱碧，绕鸳甃、似带烟萝空睇。花底著书，席上题襟多英彦。乌衣三度朱门换。只谢墅、巢痕寻燕。邈然裙屐承平，梦华恨断。

---

[1] 翁方纲：《复初斋文集》卷六。

"重光词笔同凄怨"，形容成德词作哀婉凄怨，如同天才词人南唐后主李煜（字重光）再世。

"一片，璇流漱碧，绕鸳甃、似带烟萝空睐"，写渌水亭环境、风物。"乌衣三度朱门换。只谢墅、巢痕寻燕"，似写渌水亭仍在，只是因为主人变换，物是人非——"得纳兰容若渌水亭，在玉泉山下"之"得"字似是"找到"的意思。

## （二）建造年代与使用

渌水亭建于何时，并无明确资料。

不过，成德在《渌水亭杂识》序中写道："癸丑，病起，披读经史……逾三四年，遂成卷，曰《渌水亭杂识》……"癸丑是康熙十二年（1673），此时纳兰成德十九岁。据此推断，渌水亭别墅在康熙十二年就应该建好了——此时成德尚未及冠。那么，"门前渌水亭，亭外泊小船"的渌水亭呢？并无信息，当在此稍前时候。

渌水亭建成后，成德作为明珠的长子，又广于交游，渌水亭的使用频率很高，常有名士俊彦出入。康熙二十四年（1685）成德因病去世后，渌水亭的聚会就少了很多。揆叙言"自从人琴枯泪眼，渌水亭荒废游冶"，查慎行更明确称"江湖词客今星散，冷落池亭近十年"。但在揆叙成年后，仿效其兄，广交士子，所以渌水亭再一次热闹起来。

揆叙之后，就没有再见到渌水亭的文人雅集活动了。康熙五十四年（1715）秋左右，顾贞观的学生杜诏经过渌水亭，触景生情，追怀纳兰成德、顾贞观当年交游，写下一篇情真意切的悼亡之作《满江红·过渌水亭》：

> 一带寒汀，问是处、谁家庭馆？可记得、水晶帘下，绿荷香满？尽日不教东阁闭，无时肯罢西园宴。十年间、海内几词人，同游宦。
> 奈侧帽，风情断。觉弹指，韶光换。便飘香秀笔，总随云散。何事庄生迷晓梦，重来楚客逢秋怨。正萧萧、落叶冷燕山，霜华晚。

杜诏（1666—1736），字紫纶，江苏无锡人，著名词人。《清史列传·文苑传》卷七十一《杜诏传》云：

> 杜诏，字紫纶，江苏无锡人。诸生。少从严绳孙、顾贞观游，得其指授。工诗，尤善填词。康熙四十四年，圣祖仁皇帝南巡，献《迎銮词》十二章，试列高等，特命供职内廷。……五十年，举人。五十一年，钦赐进士，文翰林院庶吉士，以终养告归。诏天才秀逸，论诗专主性灵，缘情绮靡，出入温李之间……词格近草窗，玉田。告归后，卜居南诧，倡导后进，为骚雅主盟。性好山水，尝恣游秦、阮、江、楚、闽、粤、兖、豫诸名胜，所至，赋诗纪游。

“尽日不教东阁闭，无时肯罢西园宴。十年间、海内几词人，同游宦”，回忆当年成德组织渌水亭雅集频繁，海内著名词人往往与会。侧帽，指成德的词集《侧帽词》；弹指，指顾贞观的词集《弹指词》。

“何事庄生迷晓梦，重来楚客逢秋怨”，当写杜诏回顾当年随顾贞观、成德等游，如今重来，似庄子梦蝴蝶一般，此秋时再来此地（屈原忠而被谤，身遭放逐，流落他乡，故称“楚客”），感慨不已。

道光时期，著名词人项鸿祚（1798—1835）《玉漏迟·题饮水词后》云：“最怜渌水亭荒，曾几度流连。”[1]边浴礼诗云“渌水亭荒不可寻”[2]，可知，到道光年间，渌水亭已经年久失修，连痕迹都不得寻觅，明珠宅邸只能在纳兰并友人的诗词中可见了。

---

【1】 项鸿祚《玉漏迟·题饮水词后》：“寄愁何处好，金奁怕展，紫箫声杳。十幅乌丝，寂寞怨琴凄调。犹忆笼香倚醉，是旧日、承平年少。憔悴早，词笺赋笔，半销衰草。最怜渌水亭荒，曾几度流连，几番昏晓。玉笛霾云，付与后人凭吊。君自孤吟野鬼，谁念我、啼鹃怀抱。消瘦了，恨血又添多少。”（清）项鸿祚：《忆云词》甲稿，《玉漏迟·题饮水词后》，清光绪十九年许增榆园刻本。

【2】 边浴礼《秋晚，过十刹海明相国园址》：“鸡头池涸谁能记，渌水亭荒不可寻。小立平桥一惆怅，西风凉透白鸥心。”边浴礼：生卒年不详，博闻宏览，道光二十四年（1844）进士，咸丰八年（1858）前后在世。（清）边浴礼：《晚晴簃诗汇》卷一百四十五，《秋晚，过十刹海明相国园址》，民国退耕堂刻本。

## （三）成德与渌水亭

1. 成德描写渌水亭的诗词

成德的诗词作品中，以"渌水亭"为题的共有七首。其中诗作一首、词作六首。

《渌水亭》云："野色湖光两不分，碧云万顷变黄云。分明一幅江村画，着个闲亭挂夕曛。"[1] 画出一片乡村野色。成德另有《秋千索·渌水亭春望》三首，其一云：

> 垆边唤酒双鬟亚。春已到、卖花帘下。一道香尘碎绿苹，看白袷、亲调马。
> 烟丝宛宛愁萦挂。剩几笔、晚晴图画。半枕芙蕖压浪眠，教费尽、莺儿话。

"看白袷、亲调马"，写满人春来调教马匹，飞驰路上情景。"烟丝宛宛愁萦挂。剩几笔、晚晴图画。半枕芙蕖压浪眠，教费尽、莺儿话。"动静相映，如诗如画。

其二云：

> 药阑携手销魂侣，争不记、看承人处？除向东风诉此情，奈竟日、春无语。
> 悠扬扑尽风前絮，又百五、韶光难住。满地梨花似去年，却多了、廉纤雨。

药阑，即药栏，指花圃的篱笆、花栏。（唐司空图《酒泉子》："买得杏花，十载归来方始坼。假山西畔药阑东，满枝红。"）"药阑携手销魂侣，争不记、看承人处"概写成德与妻子卢氏携手游赏，成德回忆自己患病、妻子照应事。春风过，柳絮落，梨花开来如雪，却下起雨来："满地梨花似去年，却多了、廉纤雨。"

其三云：

---

【1】　纳兰成德：《通志堂集》卷五，《渌水亭》，清康熙三十年徐乾学刻本。

游丝断续东风弱，悄无语、半垂帘幕。红袖谁招曲槛边，飐一缕、秋千索。

惜花人共残春薄，春欲尽、纤腰如削。新月才堪照独愁，却又照、梨花落。[1]

"惜花人共残春薄，春欲尽、纤腰如削。"写尽美人病态。"新月才堪照独愁，却又照、梨花落。"静至极，如画当前。

纳兰成德复有《天仙子·渌水亭秋夜》三阕，以女性视角写内心孤苦：

其一

水浴凉蟾风入袂，鱼鳞触损金波碎。好天良夜酒盈樽，心自醉，愁难睡，西南月落城乌起。

其二

梦里蘼芜青一剪，玉郎经岁音书远。暗钟明月不归来，梁上燕，轻罗扇，好风又落桃花片。

其三

好在软绡红泪积，漏痕斜罥菱丝碧。古钗封寄玉关秋，天咫尺，人南北，不信鸳鸯头不白。[2]

## 2. 成德在此读书著述

### （1）撰《渌水亭杂识》四卷

《渌水亭杂识》序中，成德写道："癸丑，病起披读经史，偶有管见，书之别简。或良朋莅止，传述异闻，客去辄录而藏焉。逾三四年，遂成卷，曰《渌水亭杂识》，以备说家之浏览云尔。"[3]康熙十二年（1673），纳兰成德十九岁。

是年二月，成德与癸丑科会试，中式，但突发寒疾，未能参加三月份的殿试。成德在读书、游赏、与友人的交往过程中，不时札记。经过三四年的时间，撰成《渌水亭杂识》四卷。

该书属于笔记性质，内容庞杂，涉及政治、经济、历史、文化、

【1】 纳兰成德：《通志堂集》卷七，《渌水亭》，清康熙三十年徐乾学刻本。
【2】 纳兰成德：《通志堂集》卷九，《渌水亭》，清康熙三十年徐乾学刻本。
【3】 纳兰成德：《通志堂集》卷十五，《渌水亭杂识》（一），清康熙三十年徐乾学刻本。

文学、自然科学、社会生活等各方面内容，反映了纳兰成德早期以传统儒学思想为主，兼习佛、道、西洋文化的过程和思想倾向。

（2）读诸家《易经》论述，辑《合订大易集义粹言》八十卷

《易经》为儒家六经之首，为宋以后诸儒所重，历代学者研究颇多。成德素好此书，在渌水亭读书期间，对《易经》并相应阐释著作颇用功夫。康熙十六年（1677），成德二十三岁，集各家"注易"观点，成《合订大易集义粹言》（简称《大易集义粹言》）。朱彝尊在为成德的《合订大易集易粹言》所作"序"中写道：

> 吾友纳兰侍卫容若，以韶年登甲科，未与馆选，有感消息盈亏之理，读《易》渌水亭中，聚《易》义百家插架，于温陵曾氏《粹言》、隆山陈氏《集传精义》，十八家之说有取焉，合而订之，成八十卷，择焉精，语焉详，庶几哉有大醇而无小疵也乎。[1]

可知，成德的《合订大易集易粹言》作于渌水亭别墅中。

（3）清代学者对成德在渌水亭读书著述的记载

自吴长元《宸垣识略》（乾隆五十三年版）"渌水亭在玉泉山麓，大学士明珠别墅，子侍讲成德尝于此亭著《大易集义粹言》"后[2]，后人承此说法，屡有文字记载。嘉庆年间，戴璐作《藤阴杂记》，其中记载："渌水亭为成容若著书处，在玉泉山下。"[3] 道光、咸丰年间，周寿昌撰《思益堂日札》亦载："渌水亭在玉泉山下，为容若著书处。今访其遗址，亦无有知者。"[4]

3. 成德在此邀请朋友雅集，观荷赏景、吟诗作赋、鉴赏书画

明珠地位崇高，成德雅好汉文化，与一时杰出文人多有交游。康熙十年（1671），十七岁的成德拜在江南大儒徐乾学门下，并陆续结识朱彝尊、顾贞观、陈维裕、梁佩兰、严绳孙、姜宸英、秦松龄、翁

---

【1】 朱彝尊：《曝书亭集》卷三十四，《合订大易集义粹言序》，四部丛刊景清康熙五十三年刻本。

【2】 吴长元：《宸垣识略》卷十四，清乾隆池北草堂刻本。

【3】 戴璐：《藤阴杂记》，清嘉庆石鼓斋刻本。

【4】 周寿昌：《思益堂日札》卷七，清光绪十四年王先谦等刻本。

叔元、叶方蔼、马云翎、张纯修等一大批文人。

　　成德虽然是满人，但并无统治阶层的自大，倾心、仰慕汉学；虽然是相门公子，但并无骄矜之气，而是能够以平等的态度与士子交往。加之，成德文采风流，襟度不凡，轻财好客，对朋友推心置腹、披肝沥胆，所以在他的身边，集聚了众多在学术和文坛上都有一定影响力的汉族文人。成德的诗词作品中，有不少是描写交游和友情的。

　　康熙十八年（1679）夏，纳兰在渌水亭召集了一次规模颇大的友人宴饮，称"渌水亭宴集"，朱彝尊、秦松龄、严绳孙、姜宸英、陈维崧、汪楫、张见阳等十人与会。与会诸人诗酒唱和，会后，将各人赋诗结集，成德作《渌水亭宴集诗序》，云：

> 清川华薄，恒寄兴于名流；彩笔瑶笺，每留情于胜赏。是以庄周旷达，多濠濮之寓言；宋玉风流，游江湘而讬讽。文选楼中揽秀，无非鲍谢珠玑；孝王园内搴芳，悉属邹枚黼黻。
>
> 予家象近魁三，天临尺五。墙依绣堞，云影周遭；门俯银塘，烟波浟瀁。蛟潭雾尽，晴分太液池光；鹤渚秋清，翠写景山峰色。云兴霞蔚，芙蓉映碧叶田田；雁宿凫栖，秔稻动香风冉冉。设有乘槎使至，还同河汉之皋；倘闻鼓枻歌来，便是沧浪之澳。若使坐对庭前渌水，俱生泛宅之思；闲观槛外清涟，自动浮家之想。何况仆本恨人，我心匪石者乎。
>
> 间尝纵览芸编，每叹石家庭树，不见珊瑚；赵氏楼台，难寻玟瑰。又疑此地田栽白璧，何以人称击筑之乡；台起黄金，奚为尽说悲歌之地。偶听玉泉呜咽，非无旧日之声；时看妆阁凄凉，不似当年之色。此浮生若梦，昔贤因以兴怀；胜地不常，曩哲因而增感。王将军兰亭修禊，悲陈迹于俯仰，今古同情；李供奉琼宴坐花，慨过客之光阴，后先一辙。但逢有酒开尊，何须北海；偶遇良辰雅集，即是西园矣。且今日芝兰满座，客尽凌云；竹叶飞觞，才皆梦雨。当为刻烛，请各赋诗。宁拘五字七言，不论长篇短制；无取铺张学海，所期抒写性情云尔。[1]

　　成德与友人在渌水亭的雅集不止一次，既有在积水潭渌水亭举办的，也有在玉泉山渌水亭举办的，每次雅集参与友人亦不全同。这些雅集在与者的诗文集中也时有记载。著名诗词家、学者朱彝尊《台城

---

【1】　纳兰成德：《通志堂集》卷十三，《渌水亭宴集诗序》，清康熙三十年徐乾学刻本。

路·夏日，同对岩、荪友、西溟、其年、舟次、见阳饮容若渌水亭》云：

> 一湾裂帛湖流远，沙堤恰环门径。岸划青秋，桥连皂荚，惯得游骢相并。林渊锦镜，爱压水虚亭，翠螺遥映。几日温风，藕花开遍鸳鸯顶。
> 不知何者是客，醉眠无不可，有底心性。砑粉长笺，翻香小曲，比似江南风景，看来也胜。只少片帆斜，树头帆影。分我鱼矶，浅莎吟到暝。[1]

裂帛湖，在玉泉山内，是玉泉山内最著名的泉眼。《日下旧闻考》

玉泉山静明园内的玉湖

卷八十五《国朝苑囿》引《帝京景物略》：“玉泉山根碎石泉涌，去山不数武，裂帛湖也，泉迸湖底，状如裂帛，涣然合于湖。”《日下旧闻考》诸臣按语云：“裂帛湖光当玉峰东麓，流经园东垣闸口，注玉河，汇昆明湖。”“一湾裂帛湖流远，沙堤恰环门径”，可知此渌水亭距离玉泉山还有一定距离，当在瓮山泊西地方。

“惯得游骢相并”写成德与友人骑马闲游事。“不知何者是客，醉眠无不可，有底心性”，可知大家饮酒得醉情形。词称此地“比似江南风景，看来也胜”。

成德曾收藏赵孟頫《鹊华秋色图卷》，并作有《题赵松雪画鹊华秋色卷》：“历下亭边两拳石，不似江南好山色。乍看落日照来黄，浑疑劫火烧将黑。更无枫橘点清秋，惟见萧萧白杨白。君为此山令山好，空翠俄从楮间滴。知君着意在明湖，掩映山光若有无。曲折似还通洑口，苍茫定不属城隅。鲤鱼风高网罟集，仿佛渔唱来菰浦。一竿我欲随风去，不信扁舟是画图。”[2] 朱彝尊在渌水亭别墅观看该图，为作

【1】 朱彝尊：《曝书亭集》卷二十六，《台城路·夏日，同对岩、荪友、西溟、其年、舟次、见阳饮容若渌水亭》，四部丛刊景清康熙五十三年刻本。

【2】 纳兰成德：《通志堂集》卷三，《题赵松雪画鹊华秋色卷》，清康熙三十年徐乾学刻本。

《题赵子昂鹊华秋色图》，云：

> 《鹊华秋色图卷》，元贞元年吴兴赵王孙罢守齐州，归为周公谨作。用丹墨，淡着色，参合王右丞、董北苑法。华不注一峰特立，而鹊山附之。对此，益信郦善长"单椒秀泽"一语之善形容也。卷有杨仲弘、范德机、虞伯生三公跋。华亭董尚书爱而屡题之。予尝闻画家论文征仲画，谓其原出于松雪，把玩是卷，良然。康熙甲子冬，观于纳兰侍卫容若之渌水亭。[1]

著名词人陈维崧《齐天乐·渌水亭观荷，同对岩、荪友、竹垞、舟次、西溟饮容若处作》云：

> 分明一幅江南景，恰是凤城深处。野翠罗罗，嫩晴历历，扑到空香万缕。早村人语。是柳下沟塍，篱边儿女。稻叶菱丝，隔纱长作打窗雨。
>
> 莲房箭靫簇簇，西洲都盖满，睡鸭新乳。碧甃回廊，黄泥小灶，几斛冷泉亲煮。倚阑凝伫，记罨画东头，旧寻诗路。招个烟樯，飘侬溪畔去。[2]

既云"凤城深处"，可知此渌水亭是在城内——凤城，汉代皇宫内有楼名凤阙，后来便把京城称作"凤城"，把皇宫称作"凤阙"。

成德好友姜宸英有《渌水亭观荷》四首，严绳孙则有《渌水亭观荷，次西溟韵》四首：

其一

> 久识林塘好，新亭惬所期。花低随燕掠，波动见鱼吹。
> 凉气全侵席，轻阴尚覆池。茶瓜留客惯，行坐总相宜。

其二

> 远见帘纤雨，都随断续云。溃花当径合，添涨过城分。
> 树杪惊残角，鸥边逗夕曛。渔歌疑可即，此外欲何闻。

其三

> 宫云湿更浮，清漏接章沟。抗馆烟中远，疏泉天上流。
> 银鞍临水映，金弹隔林收。多谢门前客，风尘剌漫投。

其四

> 碧瓦压堤斜，居人半卖花。却思湖上女，并舫折残霞。
> 蘸绿安帆幅，搴红卷袖纱。空留薛萝月，应识旧渔家。[3]

【1】 朱彝尊：《曝书亭集》卷五十四，《题赵子昂鹊华秋色图》，四部丛刊景清康熙五十三年刻本。

【2】 陈维崧：《湖海楼词集》卷十四，《齐天乐·渌水亭观荷，同对岩、荪友、竹垞、舟次、西溟饮容若处作》，清乾隆六十年浩然堂刻本。

【3】 严绳孙：《秋水集》卷五，《渌水亭观荷，次西溟韵》，清康熙间雨青草堂刻本。

渌水亭也曾有过送别的场面。其中一次送别的场面还被绘成《渌水送别图》，并有参与者题诗，以志纪念，后为康乾时期学者、索额图女婿李锴（字眉山，一字铁君，汉军正黄旗人）收藏。索额图与明珠互相倾轧，但李锴对成德与诸人的交往颇为称道，称这次酬唱为"雅集"，并欣然在画上题诗。李锴《题〈渌水送别图〉》，序云："图有诗，凡十一人：严绳孙、陈其年、汪舟次、朱竹垞、姜西溟诸君作。"[1]

> 膴膴周原平，白马客何归。
> 我爱老成人，先民古之遗。
> 天毕弋神鸾，岁晚鸿则丽。
> 高遰扬羽翼，亦足为光仪。
> 人生有远心，托此宛转辞。
> 可怜千载下，雅音久已稀。
> 起采将离花，将叺遗赠谁。
> 数君倘可作，语我长相思。

姜宸英有《渌水亭送张丞》："忆过桑乾别业时，禁城寒食柳丝丝。行看篱落参差影，开到杏花三两枝。落照村边逢猎骑，清流石上对围棋。待君归日重欢赏，莫惜云山隔九疑。"[2]言及桑乾别业，又成时在寒食，张君欲往"九疑"——九疑，即九嶷山，又名苍梧山，位于湖南省南部永州市宁远县境内。

成德好友张纯修（1647—1706），字子安，号见阳，又号敬斋，直隶丰润人。汉正白旗籍，贡生。纯修擅书画治印，好收藏，与成德书画往来颇多。成德死后，纯修为其辑刻《饮水诗词集》并作序，称其"所以为诗词者，依然容若自言，'如鱼饮水，冷暖自知'而已"。二人的友谊是"互不以贵游相待"，而"以诗词唱酬、书画鉴赏相交契"。近年，在北京丰台太子峪发现了《清诰授中宪大夫江南庐州府知府加五级见阳张公墓志铭》（康熙四十六年，曹鉴伦撰、王云锦正

---

【1】 李锴：《睫巢后集》，《题〈渌水送别图〉》，清乾隆十年刻本。
【2】 姜宸英：《苇间诗集》卷三，《渌水亭送张丞》，清光绪十五年毋自欺斋冯氏刻本。

书、黄叔琳篆盖），铭文称："君以佳公子，束发嗜学，博览坟典。为诗卓荦有奇气，旁及书法绘事，往往追踪古人。与长白成公容若称布衣交，相与切劘风雅，驰骋翰墨之场，其视簪黻之荣，泊如也。"纯修家族墓园在今丰台张郭庄太子峪（永定河西侧十来里，永定河一名桑干河），有阴阳宅花园，成德等人曾往游览。康熙十八年（1679），纯修出任湖南江华县（今湖南省永州下辖）县令。可知，姜宸英笔下的"张丞"即为张纯修，《渌水送别图》概纯修南行前成德等人在渌水亭置酒送行，画当为纯修作，诸人题诗其上。

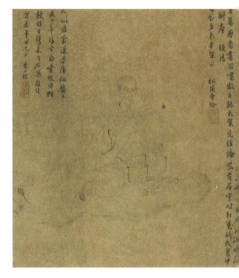

清禹之鼎《张见阳小像》

成德死后，诸多友人的挽辞中也多集于渌水亭，如秦松龄《哭一等侍卫成容若》云："渌水亭幽选地偏，稻香荷气扑尊前。夜深怕犯金吾禁，几度同君对榻眠。"[1] 蔡升元《满江红·挽词》则云：

> 珠履三千，浑不数雕龙绣虎。曾几日，分题刻烛，移商换羽。一片玉河桥畔水，数声金井梧桐雨。最凄清，闻笛向山阳，人何处。座上士，松枝尘，尊中酒，花间度。剩荒烟蔓草销魂难赋。渌水亭边宾从散，乌衣巷口衰杨舞。纵蛮笺十样写新词，何情绪。[2]

"渌水亭边宾从散，乌衣巷口衰杨舞"，知成德死后，渌水亭雅集停顿下来——纳兰成德的二弟揆叙生于康熙十三年（1674），比成德小十九岁。成德去世时，揆叙只有十二岁。

### 4. 成德之弟揆叙亦在渌水亭交游士子

成德二弟揆叙早慧，曾与成德、诸文人交游。在揆叙的诗作中，有数首诗词提及成德与友人在渌水亭的交往情形。揆叙《酬顾梁汾四

【1】 秦松龄：《苍岘山人集》卷五，《哭一等侍卫成容若》，清康熙五十七年刻本。
【2】 纳兰成德：《通志堂集》卷二十，《满江红·挽词》，清康熙三十年徐乾学刻本。

首》其三云：

> 念吾先伯氏，与君缔同心。直如虿将距，岂但磁与针。
> 屈指性命交，未有如君深。余幼方扶床，窥豹亦相钦。
> 伤心一个弱，积痛余人琴。君偏敦古处，解剑徐君林。
> 遗像荷藏弃，残编劳搜寻。欲令逝者迹，千载无销沉。
> 所愧为人弟，独累良友任。此来重班荆，喜极翻沾襟。
> 仰天数归雁，行断遗哀音。却归绿水亭，怀旧增长吟。[1]

康熙四十二年（1703）正月，皇帝第四次南巡，翰林院掌院学士揆叙随行。二月十三日，皇帝一行自苏州府启行，过嘉兴府。十四日，御舟泊杭州府红岭。十八日，皇帝自杭州登舟回銮。十九日，御舟过嘉兴府。[2] 在嘉兴，揆叙见到来叩见皇帝的朱彝尊。临别，揆叙作《禾中留别竹垞先生得五百字》[3]，云：

> 吾兄昔好客，结识俱英贤。就中公最亲，如影依形然。
> 每因儤直暇，觞咏偕欢妍。门前绿水亭，亭外泊小船。
> 平池碧藻合，高树红樱悬。仰窥城西山，俯听槛底泉。
> 有时把彩笔，按谱新词填。或模姜白石，或效张玉田。
> 有时作八分，鸾凤争翔骞。中郎及丞相，屈强堪比肩。
> 晨游辇屡并，暮宿床必联。阳乌出复没，顾兔缺再圆。
> 相将移四序，谓可终百年。百年讵足保，一旦忽弃捐。
> 伯兮既下世，客散如云烟。公亦厌承明，返棹鸳湖边。
> 湖宽百余顷，中有蒲与莲。宜晴复宜雨，倒映东南天。
> 愁来即泛艇，兴到或扣舷。试哦康乐句，空水共澄鲜。
> 颇谐物外好，永谢区中缘。先生间世才，坟典咸贯穿。
> 发而为文章，力若横海鳣。上登最高峰，下探不测渊。
> 宾筵列钟鼎，武库罗戈鋋。自从唐宋后，继震川荆川。
> 赋诗乃余事，精妙非刻镌。腾轩驾天马，追逐飞空仙。
> 歌吟穷乃工，著述老愈专。源流考经籍，郑马争后先。
> 降及有明诗，搜辑一代全。又曾集旧闻，析木穷星躔。
> 囊中每携此，山川载图编。偶然披卷看，在越如在燕。
> 刘侗应避席[4]，何况侪辈焉。我生苦失学，丹黄乏磨研。

【1】 揆叙：《益戒堂自订诗集》卷五，《酬顾梁汾四首》，清雍正元年揆永寿谦牧堂刻本。
【2】 《清圣祖实录》卷二一一。
【3】 禾中，今浙江嘉兴，三国吴黄龙三年（231），田生嘉禾，改称禾兴县。吴赤乌五年（242）立孙和为太子，为避太子讳，改称嘉兴县。明清文人称嘉兴为"禾"。
【4】 自注："明麻城刘侗撰《帝京景物略》。"

尘埃困趋走，岁月惊推迁。常思听公语，坐使美疢瘥。
前年寓金闾，樽酒虚招延。先生来叩门，剥啄惊昼眠。
旧声尚能识，但益毛发宣。话予幼时事，历历皆眼前。
挥毫书短笺，缀以诗四篇。荧煌灿珠贝，馥郁堆兰荃。
离居几何时，遽若脱矢弦。今年思久聚，别袂翻难牵。
秀州树丛丛，河水鸣溅溅。此时与君别，怅怏心如煎。
乖违知不免，会合期恐愆。江干倘相忆，毋吝鱼书传。[1]

朱彝尊死后，揆叙作《朱竹垞先生挽诗六首》，其六云："迹扫青杨巷，交深绿水亭。欢呼长把臂，啸咏各忘形。晓梦迷蝴蝶，秋夙感鹡鸰。泉台如有识，相对或谈经。"注云："先生与先兄交最密，故感叹及之。"[2]

揆叙受学于著名诗人查慎行、唐孙华。成人后，与成德的友人汤右曾、朱彝尊、顾贞观、姜宸英等也多有交往。他们诗词中也有渌水亭的记载。查慎行《渌水亭，与唐实君话旧》："镜里清光落槛前，水风凉偪鹭鸶肩。菰蒲放鸭空滩雨，杨柳骑牛隔浦烟。双眼乍开疑入画，一尊相属话归田。江湖词客今星散，冷落池亭近十年。"[3]成德卒于康熙二十四年（1685），既云"江湖词客今星散，冷落池亭近十年"，则诗当作于康熙三十年（1691）前后。

成德好友姜宸英有诗赠揆叙，揆叙作《西溟有诗见赠，次韵答之》，其中回忆幼年情形："忆自垂髫初识君，佳誉传闻信非哆。一时宾侣皆眼见，想像粗能追昔者。……自从人琴枯泪眼，渌水亭荒废游冶。酒徒星散向江湖，题壁残篇半挦扯。"又云："十年踪迹怅退隔，倏忽流光飞野马。初闻行李来涉春，正喜公车留过夏。别经秋塞书未达，归及冬釭臂重把……向来聚散置勿道，哀乐从今赖陶写。"[4]

随着揆叙的成长，渌水亭在冷寂多年后，又成为了揆叙交游的

【1】 揆叙：《益戒堂诗后集》卷三，《禾中留别竹垞先生得五百字》，清雍正元年揆永寿谦牧堂刻本。个别文字据《晚晴簃诗汇》卷五十（民国退耕堂刻本）审定。
【2】 揆叙：《益戒堂诗后集》卷五，《朱竹垞先生挽诗六首》，清雍正元年揆永寿谦牧堂刻本。
【3】 查慎行：《敬业堂诗集》卷十六，《渌水亭，与唐实君话旧》，四部丛刊景清康熙本。
【4】 揆叙：《益戒堂自订诗集》卷二，《西溟有诗见赠，次韵答之》，清雍正元年揆永寿谦牧堂刻本。

场所。汤右曾《题〈敦好堂集〉后三首》其三云："渌水亭西脆管哀，先生宾阁为重开。座中应有邯郸竺，叹息天人未易才。"[1]《敦好堂集》，山东淄川人袁藩（字宣四，号松篱，康熙癸卯举人）诗文集。可知，袁藩亦是渌水亭宾客之一。康熙三十八年（1699），姜宸英亡故，揆叙作《挽姜西溟》，末云："忘年孔祢论交久，渌水亭边忍再过。"[2]知揆叙、姜宸英在渌水亭亦有集会。

揆叙还曾绘有《荷阴清暑图》（亦作《荷香清夏图》），以"荷阴清暑"（或"荷香清夏"）为题。图上有查慎行、周起渭二人题诗。查慎行《〈荷阴清暑图〉，揆公院长属赋四首》云——揆叙任翰林院掌院：

> 其一
> 绿水亭南万绿杨，一奁明镜贮烟光。自移玉井如船藕，高放花头尽出墙。
> 其二
> 碧云擎盖午阴凉，不独花香叶亦香。想见公门清似水，春锄飞近读书床。
> 其三
> 六月游人汗汁融，透肌一阵好凉风。欲知鱼乐看鱼戏，长在田田翠影中。
> 其四
> 比似濂溪爱有加，年年贪看画中花。直从叶点青钱后，剥过莲蓬始到家。[3]

周起渭《〈荷香清夏图〉，为院长揆公题》则云[4]：

【1】 汤右曾：《怀清堂集》卷三，《题敦好堂集后三首》，清乾隆十一年刻本。

【2】 揆叙：《益戒堂自订诗集》卷五，《挽姜西溟》，清雍正元年揆永寿谦牧堂刻本。

【3】 查慎行：《敬业堂诗集》卷四十，《〈荷阴清暑图〉揆公院长属赋》，四部丛刊景清康熙本。末句自注："先生每岁屡从避暑，故云。"

【4】 周起渭（1665—1714），字渔璜，号桐野，贵阳青岩骑龙人。康熙三十三年（1694）进士，改翰林院庶吉士，散馆，授检讨。四十四年任浙江乡试正考官，回京后，任詹事府赞善，掌管侍从谏议等事。五十一年擢侍读学士，充日讲起居注官。翌年，晋詹事府詹事，参与编修《康熙字典》，任纂修官，名列第三。是年，奉命祭祀禹陵和明孝陵，并就地阅视江苏、浙江两省充浙江乡试正考官。洊升詹事府詹事。善诗，自建安至竟陵诗人无不习学，尤肆力于苏轼、元好问、高启诸家。诗以"奇""新"著称。与姜宸英、汤右曾、顾图河等游。

结庐傍金河，河水光沦漪。言从玉泉山，前汇太液池。
弥漫绕帝城，荷花浩无涯。皇风取披拂，恩波无尽时。
根灵香亦异，盛夏消炎曦。轻飙自南来，花叶何参差。
江妃凌素波，翠盖萦朱旗。红妆三十万，晻霭明霞姿。
夹岸多烟杨，羃羃垂青丝。先生下直归，竟日河之湄。
交床横玉琴，受此香风吹。时汲花下水，磨墨挥蛟螭。
或为典诰文，或为雅颂诗。中含妙莲花，可爱不可窥。[1]

诗中"绿水亭南万绿杨，一夜明镜贮烟光""结庐傍金河，河水光沦漪"则具体地描绘了渌水亭所在之地的优美风景。

按，金河位于北京市海淀区玉泉山地区，是元代开挖的人工引水渠道，起自南旱河与万安东路相交处，终点汇入南长河，全长十里许。似亦可指从西方（属金）而来的长河水。太液池，不知实指，还是虚指。

【1】 周起渭：《桐野诗集》卷四，《〈荷香清夏图〉为院长揆公题》，清咸丰二年山阴陈氏世恩堂刻本。

# 四、自怡园

## （一）自怡园的位置

自怡园是明珠在北京西郊建造的一处园林，用以方便主人前往畅春园参见皇帝，并满足居住、生活、玩乐、学习等需求。纳兰揆叙长大后，深受康熙皇帝宠信，常居此，侍候来畅春园避喧理政的皇帝。

关于自怡园的位置，乾隆年间吴长元在其所撰的《宸垣识略》一书中曾记载："自怡园在海淀，大学士明珠别墅。"[1] 因而"自怡园位于海淀"的这一说法是学界普遍认同的。更加具体的位置，查慎行曾在《自怡园记》中有"苑西二里"的记载[2]，但也并未指出详细方位，因而学界曾出现过"水磨村""未名湖周围"等说法，通过深入研究与判断，目前学界对于自怡园具体位置的说法主要分为"西苑说"与"自得园说"。

### 1. 西苑说

学界一种说法是以张宝章先生[3]为主的"西苑说"，即认为自怡园建在畅春园以西二里处，具体位置在今六郎庄东北方向。主要依据来源于查慎行的《自怡园记》以及揆叙师友的诗文。查慎行的《自怡园记》中记载：

> 玉泉最近，泉出山下，自裂帛湖东南流入丹棱沜。傍水之园，旧以数十，海淀最著。今天子既规以为畅春园，有诏所王公大臣于其傍各营别业。相国明公之园，在苑西二里。其初平壤也，海淀之支流经焉。[4]

【1】 吴长元：《宸垣识略》，北京出版社 2018 年版。
【2】 揆叙先后受业于吴兆骞、查慎行、唐孙华。康熙三十二年（1693）夏，查慎行即将离开自怡园时，受明珠之命，作《自怡园记》。
【3】 张宝章：《昆明湖畔两村庄》，中国发展出版社 2015 年版。
【4】 查慎行：《查初白文集》，清抄本。

丹棱沜位于畅春园南部内外区域，即今中关村图书大厦南北一带，由玉泉山水、巴沟水汇集而成。万历年间，皇帝外祖父武清侯李伟于此建造清华园（今北京大学西），清军入关后，清华园归肃亲王豪格家族。后由豪格之孙丹臻献给康熙皇帝，皇帝令内务府、工部加以修缮，赐名畅春园。康熙皇帝《御制畅春园记》载：

> 都城西直门外十二里曰海淀，淀有南有北，自万泉庄平地涌泉奔流，汇于丹棱沜。沜之大以百顷，沃野平畴……爰稽前朝戚畹武清侯李伟因兹形胜构为别墅……圮废之余遗址周环十里，虽岁远零落，故迹堪寻，瞰飞楼之郁律，循水槛之逶迤，古树苍藤往往而在，爰诏内司少加规度，依高为阜，即卑成池……宫馆苑籞，足为宁神怡性之所，永惟俭德，捐泰去雕，视昔亭台邱壑林木泉石之胜，絜其广袤，十仅存夫六七，惟弥望涟漪，水势加胜耳。[1]

按，畅春园建成当在康熙二十六年（1687）前后，康熙二十八年（1689），营造司郎中在畅春园西侧监修畅春园附园西花园，为诸皇子读书之所，于其西南建造圣化寺行宫、真武庙。畅春园西北侧为马厂。揆叙"丹棱沜北水湾环，紫蕨抽芽筍箨斑""丹棱沜北瓮山旁，水面风回细作香""裂帛湖东尽日游，香风吹过鹭鸶洲"皆印证了以上对"自怡园位于西苑"的判断。

此外，王建文等人研究汤右曾的《立秋后一日，恺功都宪苑西别业观荷，偶得六绝句，同查浦侍讲作》、查嗣瑮的《立秋后一日，西厓约同游自怡园，看荷分作八截句呈总宪公》以及揆叙的《西厓少宰枉驾园中赏荷，赋诗见寄，次韵奉答六首》相互印证，可以进一步确定"自怡园位于西苑"的说法。

张宝章先生在《昆明湖畔两村庄》一书中指出，自怡园即位于今六郎庄东北方向。

2. 自得园说

学界关于自怡园位置的另一说法是在"西苑说"基础上形成

---

【1】《日下旧闻考》卷七十六《国朝苑囿·畅春园》。

的。贾珺提出"自怡园逐渐演变为后来的自得园"[1]。他认为在目前已知的所有海淀大型园林中，只有自得园位于畅春园西北不足二里的位置，符合查慎行"苑西二里"的描述。其次，清代西郊园林在流传过程中常取同义或相近的字词进行改名，例如，"绮春园"改为"万春园"，而"自得"与"自怡"词义相近。此外，果郡王允礼在雍正二年（1724）获赐自得园，时间上也衔接得当。而且从现存的文献与遗址可知，自得园与自怡园同为以水景见长的园林，具有相似的自然风貌。

王建文等人进一步补充指出，自得园的前身应为自怡园，但考虑如今自得园范围小于自怡园。[2]通过分析查慎行的《自怡园二十一咏，偕西厓前辈赋，呈副相揆公》、汤右曾的《题恺功都宪自怡园二十一首，同查悔余兄弟赋》以及揆叙的《园中二十一题，次他山先生韵》中对于自怡园二十一景的描写，可知自得园的前身应为自怡园，且二十一景中有"荷塘""北湖""因旷洲"等大型景点的描写，所以自怡园的范围会大于现存的自得园（今中央党校南院）。

3. 自怡园位置辨析

查慎行《自怡园记》称自怡园位于畅春园"西二里"处，六郎庄、自得园虽亦在"西二里"范畴内，或在畅春园西南，或在畅春园西北方向。

综合考量畅春园、西花园、西马厂、瓮山泊诸地理空间关系，明珠家族自怡园当在六郎庄东北一带，即今颐和园管理处周边一带。

## （二）自怡园的建造时间

通过查慎行的《自怡园记》可知，自怡园"度地于丁卯春"[3]，即

【1】 贾珺：《北京私家园林研究补遗》，《中国建筑史论汇刊》2012 年第 1 期，第 308—351 页。

【2】 王建文、付军：《清代初期明珠家族"水磨村园林""自怡园"关系和位置的考证》，《北京林业大学学报》（社会科学版）2019 年第 18 期，第 20—24 页。

【3】 查慎行：《查初白文集》，清抄本。

自怡园修建于康熙二十六年（1687）。

查慎行外曾孙陈敬璋《查他山先生年谱》载："二十五年丙寅，先生年三十七。在都中。冬，馆相国明公家。时，杨公以乞假养亲出都，相国明公珠延至私第，下榻自怡园，令其子恺功揆叙受业焉。"[1] 可知，查慎行于康熙二十五年（1686）冬被明珠聘为馆师，因而查慎行于《自怡园记》中对建造时间的描述切实可信。

康熙二十四年（1685）二月二十二日，皇帝在玉泉山行宫前亭处理完政务后，移驻畅春园，这也是《康熙起居注》第一次记载皇帝移驻畅春园。皇帝此次在畅春园一连驻跸八天，三次"御畅春园内门"，召见各大臣。

也就是在康熙皇帝第一次正式驻跸畅春园后，明珠立即请人在畅春园西二里处择址建造自怡园。在施工中，明珠还请查慎行到现场观摩指导。康熙二十六年（1687），自怡园初步建成，查慎行、揆叙师生不久即住进了自怡园。

## （三）自怡园的建造者

自怡园的设计建造者为清代青浦著名画家兼造园叠山艺术家叶洮。

叶洮，字秦川，号山农，出身于造园艺术世家，其父为著名画家、造园叠山艺术家叶有年。《清史稿·叶陶传》载："叶陶，字金城，江南青浦人，本籍新安。善画山水，康熙中，祗候内廷，奉敕作《畅春园图本》，称旨，即命佐监造。园成，赐金，驰驿归。寻复召，卒于途。"《清史稿》误记叶洮为"叶陶"，又称叶洮"佐监造"畅春园——著名造园家张琏、张然父子负责堆山，雷金玉负责楠木作。

揆叙作诗称叶洮为"指点园林旧画师"，可知叶洮与自怡园的关系。

叶洮约生于明崇祯九年（1636），幼年于兰州长大。回青浦后，随其父学画与造园，成名后，业游四方，大约在康熙二十年（1681）

---

【1】 陈敬璋（1759—1813），一作陈璋，字奉莪，号半圭，又号惺庵，海宁新仓人。清诗人、藏书家。查慎行外曾孙，陈确玄孙。郡庠生。工诗、古文辞。

入京师，于康熙二十六年（1687）为明珠建造自怡园，二十九年（1690）供奉内廷，奉诏绘制《畅春园图》，三十年（1691）告归于家，三十一年（1692）又应召北上，五月卒于涿州。康熙四十四年（1705），揆叙随皇帝南巡，曾前往青浦凭吊，作有《云间，悼叶秦川二绝句》。

## （四）自怡园的二十一景

自怡园地方土地平旷，泉源密布，堆山引水都很方便，为典型的水园。园内有二十一处景点：筼筜坞、双竹廊、桐华书屋、苍雪斋、巢山亭、荷塘、北湖、隙光亭、因旷洲、邀月榭、芦港、柳汻、茭汊、含漪堂、钓鱼台、双遂堂、南桥、红药栏、静镜居、朱藤径、野航。康熙五十二年（1713），查慎行休致还乡，到访自怡园时，在揆叙的邀请下，为自怡园内二十一景题名，并赋《自怡园二十一咏，偕西崖前辈赋，呈副相揆公》。当时揆叙任都察院左都御史，同于秦汉时代的御史大夫，故称"副相"。同来的汤右曾则作有《题恺功都宪自怡园二十一首，同查悔余兄弟赋》——概同来者还有查慎行之弟。[1] 揆叙亦依查诗韵，作《园中二十一题，次他山先生韵》和之。[2]

1. 筼筜坞

筼筜，一种生长在水边皮薄、竿高的大竹子，可知，自怡园种植有竹子。北京地区寒冷，只有紫竹院、寿安山樱桃沟生长有成片竹子，其他地方只能稍有数竿，海淀地方多水，园林内堆山引水，湿润温暖处方可种竹。汤右曾咏道："南阶日夜添，东溪森复绿。君看读书堂，正在筼筜谷。"可知自怡园东侧有堆山，溪流经过，种植有大量竹子，故名筼筜谷，谷外建有筼筜坞，是揆叙读书处。

---

【1】 汤右曾：《怀清堂集》卷十五。查慎行，原名查嗣琏，海宁袁花人；其弟查嗣瑮（1652—1733），字德尹，号查浦，康熙三十九年（1700）进士，选翰林院庶吉士，授编修，升至侍讲；查嗣庭（1664—1727），字润木，号横浦，康熙四十五年（1706）进士，选庶吉士，散馆，授翰林院编修，累官至内阁学士兼礼部侍郎。

【2】 揆叙：《益戒堂诗后集》卷七。

2. 双竹廊

双竹廊是指生长有两竿并生竹子的一段不长的游廊。查慎行曾题诗云："七松少傅宅，五柳征君屋。输此十步廊，天生两竿竹。"揆叙则云："连枝争出土，双戟俄穿屋。岂必睢阳园，千竿万竿竹？"由两诗可知，双竹廊不长，但其外并生的两竿竹子生长高大茂盛，颇有意蕴。

3. 桐华书屋

桐华书屋是一处种有梧桐的书屋。梧桐不仅生长迅速，花开美丽，且具文化意蕴。《诗经·大雅·卷阿》云："凤凰鸣矣，于彼高冈。梧桐生矣，于彼朝阳。"《庄子·秋水》中又有"鹓鶵发于南海，而飞于北海，非梧桐不止，非练实不食，非醴泉不饮"——鹓鶵，凤凰的一种。故而，后世即将梧桐与凤凰、贤人联系起来。

根据查慎行"亭亭百尺枝，下阴一栏翠。童子正开门，桐花风满地"一诗描述，可知桐华书屋外一株梧桐高大，书屋外有栏杆，梧桐紧贴书屋，开门即是。

4. 苍雪斋

根据汤右曾"北地少竹色，低丛亦可爱。引此青琅玕，节比江南人"、揆叙"爽籁终朝合，浓阴四面围。朱炎浑避舍，绿雾欲沾衣"两诗对苍雪斋的描写，我们可知苍雪斋是一处四面竹林的院落，此处竹竿郁郁葱葱，浓荫密布，盛夏时节，在此避暑，竹阴沾衣，竹叶飘落，如雪自天降，故名"苍雪斋"。

5. 巢山亭

巢山亭是一座建在大型假山上的亭子，揆叙写巢山亭云："小亭压山巅，远势欲飞起。上栖千片云，下映一湖水。"可知巢山亭位于很高的堆山顶上，上接云朵，下临湖水，颇有欲飞之感。

按，太行山绵延到北京的群山统名西山（自房山至昌平关沟一带），园林中堆山，登临远望，正可借景西山，收之在目。

6. 荷塘

自怡园堆山下聚水成池，栽种荷花，故径名荷塘。

对于自怡园中的荷塘，查慎行写道："记得初移藕，田田贴水荷。香风随棹远，花校去年多。"揆叙则题诗有："艳锦连云回，频来赏芰荷。不知谁是客，游较主人多。"荷塘景色可以想象，复可知揆叙友人常来此居住、闲游。

7. 北湖

北湖是荷塘外另一处湖泊，位于自怡园北侧。揆叙题诗云："洗眼长临水，虚心任触舟。遥山争倒影，强半过墙头。"可见，湖泊面积不算小，人在湖边，西山半过墙头。汤右曾作诗云："落日荷芰香，朝阴梧竹色。咫尺烟波间，已隔水南北。"

8. 隙光亭

《庄子·知北游》云："人生天地之间，若白驹之过隙，忽然而已。"形容人生迅速。后世以隙光提醒自己时间宝贵。

揆叙咏隙光亭云："晓风萍末度，夜月波间碎。更卷水晶帘，分光射檐内。"写早晨月映水面，阳光透过门帘穿入屋内情景。可知，隙光亭在园林西部临湖。查慎行则谓："一片平颇黎，穿林光琐碎。阁栏如鸟巢，隐隐柴其内。"颇黎，一作颇璃、颇黎，指状如水晶的宝石。这里指平静的水面。写晨光穿过林木，在湖面上形成琐碎的光影。亭子上的栏杆形如鸟笼，阳光透过来，光线射在地上，就像封锁在亭内一般。

9. 因旷洲

因旷洲是一处水中沙洲，因周围环境空旷而得其名。查慎行因旷洲诗云："洲势极空旷，旁分几派江。因添方丈室，面面与开窗。"可知，因旷洲建于沙洲上，四面开窗，周边空旷，沙洲旁几条小溪流过。

10. 邀月榭

邀月榭是一座位于水边的建筑。揆叙："渔矶晴澹澹，凫渚夕苍苍。好景平台上，携壶醉月光。"邀月榭建筑前铸平台，可以临水赏月，是自怡园主人会月、会诗、会友的地方。

## 11. 芦港

顾名思义，芦港是芦苇丛聚、河流交叉的河汊。查慎行芦港题诗云："春涨今年足，芦根上岸生。人间正炎热，物外已秋声。"可知，那年春天水涨，芦苇甚至生至岸上。天气正炎热时候，此处芦花已有秋意。

## 12. 柳汀

柳汀是指种有大片柳树的河岸地带。汤右曾作诗咏云："澄波屡回曲，高柳环其中。千条与万叶，一一含清风。"这体现出此处河流蜿蜒，河岸边长满了柳树，清风袭来，柳条迎风飞舞。

## 13. 芡汊

芡汊是一处水面长满芡实的溪流。芡，芡实，生长于沼泽池塘的植物，果实形似鸡头，也叫"鸡头米"。查慎行云"芡是吾乡实，充盘忆水羞"，可见以芡实为聚会水果。揆叙亦云："水果亲移种，芳鲜配百羞。"羞，味美的食物，《楚辞·招魂》："肴羞未通，女乐罗些。"后多作"馐"。

## 14. 含漪堂

"漪"为涟漪，即水面波纹。含漪堂是一处临湖的厅堂式建筑。汤右曾诗云："倒射溪堂明，涟漪开夕景。激激霞上波，漾漾月中影。"写含漪堂观看晚景景象：夕阳西下，阳光洒在湖面上，激激如霞光一般；东方月上，湖面上倒映月影。

## 15. 钓鱼台

因姜尚垂钓、庄子鱼戏故事，钓鱼、观鱼成为园林建设的基本元素，自怡园也是如此，建有钓鱼台。查慎行题诗云："璜溪坐姜叟，濠上游庄周。果若知鱼乐，不妨施直钩。"

璜溪，即磻溪，在陕西省宝鸡市东南，相传姜太公在此钓得玉璜，故名。濠上，即濠水上。濠水，在安徽省凤阳县境内，北流至临淮关入淮，庄子、惠施曾在濠水边上看鱼，辩论鱼我之乐。汤右曾有诗云："寓物尚可乐，细大理则均。海中连六鳌，何异一寸鳞。"

## 16. 双遂堂

　　唐白居易《咏怀》诗云："我今幸双遂，禄仕兼游息。"故后世以双遂形容为宦、游戏双达。查慎行题双遂堂诗云："心迹既双清，宦游亦双遂。一事胜香山，公头白犹未。"香山，指白居易，号香山居士。汤右曾题诗则云："明贤际昌运，钟鼎兼山林。济时稷契老，高世箕颍心。"钟鼎，指高官重任；山林，指代隐居。稷契，稷与契的并称，皆唐虞时代贤臣。箕颍，箕山、颍水。尧时，贤者许由隐居箕山之下、颍水之阳。因以"箕颍"指代隐居者或隐居之地。诗赞揆叙能够朝廷从政、园林悠游。

## 17. 南桥

　　南桥是自怡园南侧的一座桥。根据查慎行"两厓石齿齿，一壑流潺潺。桥北与桥南，仙凡此分界。"厓，同"崖"。潺潺，水流受阻发出的声音。"桥北与桥南，仙凡此分界"，可知南桥是一座东西方向的桥，其南北分割、连接了居所与闲居（指水中洲上的建筑）所在。

## 18. 红药栏

　　芍药是中国传统名花，牡丹最早亦称"木芍药"，因花形美丽、颜色艳丽，在室内、园林中广泛使用。

　　红药栏指芍药花景区。查慎行咏红药栏诗云："手自栽红药，旋开稳重花。禁中吟未足，归到日西斜。"则此红药当指红色的牡丹——唐人尤重牡丹，多有吟咏。汤右曾咏红药栏云："翠色纷可撷，红芳似有期。悠悠晚春节，小谢省中诗。"晚春时分，红药（红色芍药）还未开放。小谢，指南齐诗人谢朓。谢朓（464—499），字玄晖，斋号高斋，陈郡阳夏县（今河南省太康县）人，出身陈郡谢氏，与"大谢"谢灵运同族，世称"小谢"，其《直中书省诗》云："玲珑结绮钱，深沈映朱网。红药当阶翻，苍苔依砌上。"可见，此红药栏杂植牡丹、芍药。

## 19. 静镜居

　　揆叙之母觉罗氏、哥哥成德皆通佛教。佛教谓人心清净方能得道，称心清净为心镜，能观照世间万象。《圆觉经》卷上："慧目肃清，照曜心镜。"又主张心静，修禅，可以得道。故而将自怡园中一处建筑定名为静镜居。

查慎行题静镜居诗云："先生静多妙，迹显心逾静。借问祖师禅，无尘安有镜。"祖师禅，即以禅宗六祖慧能主张的顿悟教法。揆叙自咏诗则云："沤灭空本无，尘消觉圆净。一根若返源，免照达多镜。"沤，水中浮泡。（苏轼《九日，黄楼作》："去年重阳不可说，南城夜半千沤发。"）佛教谓世间万物如同浮沫，不可持久。尘，尘心，凡俗之心。谓世界万物本来短暂，修行者但能放下尘心，便能觉了佛性、重返光明，不用再照镜自观。只是因为种种原因，揆叙认知与行动不能一致，以致落入康熙晚年诸皇子的争斗中。

20. 朱藤径

朱藤，即紫藤。朱藤径是一条长满紫藤的道路。查慎行咏朱藤径诗云："十万宝璎珞，举头迷下上。好笑王君夫，紫丝开步障。"

王君夫，西晋人王恺，字君夫，名儒王肃第四子，晋武帝司马炎之舅。《世说新语·汰侈》第三十："君夫作紫丝布步障、碧绫里四十里，石崇作锦步障五十里以敌之。"此处指架子上垂下的紫藤花规模宏大，比王恺的紫丝布步障更为美观。

21. 野航

野航，指野水上的小船。自怡园中当有仿船而建的景观。查慎行咏野航云："野趣随所寓，陆居同水宿。偶以舫名斋，已忘舟是屋。"可知自怡园中确有野航斋。揆叙咏诗则云："朝出溪边游，莫向溪边宿。陆处便凌波，舟居岂非屋？"

# 五、水磨村园林

## （一）水磨村园林与自怡园之关系

历史上曾有水磨村园林就是自怡园的观点。之所以如此，是因为戴璐在《藤阴杂记》中记载：

> 明太傅珠自怡园延唐东江、查它山课子揆叙……东江哭恺功诗："犹有高斋旧宾客，可怜水磨好园林。"知园在水磨，今为长春园。《宸垣识略》谓在海淀，误。[1]

经张宝章先生根据查慎行《自怡园记》"相国明公之园，在苑西二里"[2]考察，学界方知自怡园在畅春园西二里。而水磨村位于畅春园东北三里，所以"水磨村园林是自怡园"的说法自然是错误的。

王建文等人又指出，查慎行离开后，明珠又聘唐孙华教导揆叙。康熙三十一年（1692）春，唐孙华住在畅春园附近明珠家族园中，称这座园林为"相国郊园"。通过分析唐孙华《重过相国郊园》诗："一鞭塞卫指郊原，三载仍过独乐园。前度看花人又到，曾来听雨榻重温。卸装篱下开新径，系马桥边识旧村。忽讶车驰似流水，苑东原接濯龙门。"其中，"苑东原接濯龙门"中的"苑东"则说明了这座园林位于畅春园东部——濯龙，汉代宫苑名，在洛阳西南角。《后汉书·明德马皇后纪》："前过濯龙门上，见外家问起居者车如流水、马如游龙。""系马桥边识旧村"说明这座园林位于一个村子附近，而村子即当为水磨村。康熙三十二年（1693）春，明珠邀请查慎行到水磨村园林。查慎行在《重过相国明公园亭四首》中写道"名园多在苑东偏"，亦说明这座园林位于畅春园东侧的水磨村园林，而不是位于畅春园西

---

【1】　戴璐：《藤阴杂记》，嘉庆五年刻本。
【2】　查慎行：《查初白文集》，清抄本。

侧的自怡园。

## （二）水磨村园林与揆方宅园之关系

关于水磨村园林与揆方宅园的关系，张宝章先生认为水磨村园林即揆方的宅园。依据来源是康熙四十六年（1707）皇三子允祉在《奏请指定建房地折》中写道的"今臣允祉我买得水磨闸东南明珠子奎芳（揆方）家邻接空地一块，看此地方，距四阿哥建房一带近，且地处现开浚新河南岸，系皇父游逛之路，地亦清净，无一坟冢"[1]。可知允祉"明珠子奎芳（揆方）家"、花园在水磨村（闸、村皆以其地水磨而得名）——揆方死于康熙四十七年（1708）。

揆方娶礼亲王代善曾孙和硕康亲王杰书第八女淑慎。淑慎身为郡主，故而揆方作为和硕额驸，礼遇与公爵同。[2]揆方夫妻生有安昭、元普二子。揆方夫妇早亡，二子奉康熙皇帝之命，过继给揆叙夫妇，并改名为永寿、永福。

## （三）水磨村园林的位置

水磨村园林的位置，在焦雄先生实地调查的基础上，王建文等通过分析清代北京西郊河道走向，发现万泉河在今清华大学西门附近分为两支：一支往北流向水磨村，一支往东（今南大河），即允祉《奏请指定建房地折》中说的"现开浚新河"。按照允祉所述，可知允祉园位于南大河南岸，因而揆方水磨园应位于南大河北侧、水磨村东侧，即今天清华大学西北部地方。

---

【1】 张宝章：《京西何处自怡园》，《圆明园学刊》2012 年第 12 期，第 72—74 页。

【2】 年羹尧：《揆方墓志铭》中载："太师公致政家居，则公之伯兄纳兰公已谢世矣，而公仲兄、今掌翰林院事恺功先生则又在帝左右，凡巡幸所至，皆命扈从，故不能常侍太师公侧，而长留膝下者，则公也。"

# 第三章 纳兰宗族庙宇文物史料

　　满洲旗人出身东北，日常生活相对闭塞，极为重视祭祀，尤其是入关后，收入丰厚，受汉文化影响，更是对祖先祭祀、家族传承极为重视。

　　目前已知明珠家族奉祀寺庙主要分布在两个地区：一在城内什刹海府邸附近，有家庙一所，明代时为关帝高庙，清代改名普济寺，世传为明珠家庙；一在海淀区上庄族地，有庙三座，即在今永泰庄村东岳庙、李家坟村真武庙以及皂甲屯村龙王圣母庙。康熙五十六年（1717），纳兰家总管安尚仁依明珠遗愿，对三座庙宇进行修缮。世传东岳庙为明宅家庙。另外，北玉河村有关帝庙一所，据雍正十二年（1734）碑刻记载，安尚仁曾为此庙施地三十六亩。

# 一、普济寺（关帝高庙）

## （一）寺观简介

什刹海高庙原名普济寺，位于今后海西海南沿 48 号，供奉关公，因建在高坡上，俗称"高庙"或"关帝高庙"。与纳兰家族宅院（现为宋庆龄故居）隔"海"相望，曾为纳兰家族家庙。光绪二十七年（1901）继昌《行素斋杂记》载："京师积水潭高庙临水开窗，叠石为径，花木明瑟，为城中避暑胜地。相传为纳兰太傅明珠家庙。忆寺内藏有《太傅行乐图》，予少时曾见之。"

普济寺始建年代无考，据清嘉庆二十一年（1816）《关帝高庙碑》载，明正德五年（1510），御马监太监李宪重修该庙。

普济寺坐北朝南，原有殿房八十九间。依次有山门；关帝殿三间；西配殿五间为毗卢殿，有南北耳房；北配殿三间为三大士殿，三大士殿西为斗母殿三间；后罩楼一座，被誉为"日下第一楼"；西小院北房五间，木额上书"静鹤斋"。西为菜园，东为空地。道光年间，麟庆《鸿雪因缘图记·净业寿荷》载：

> 南岸土阜隆然，有华佗庙建于上，俗名高庙。面临曲巷，背枕全湖，寺僧裕泉近于庙后购隙地，营广榭，缭以短垣，洞启北窗，城楼山寺，俨然图画。而熏风入户，荷香袭人，尤宜于长夏。[1]

可知，该庙供奉华佗，故名普济。是地高敞，门外积水潭，柳荷遍布，比照旗营宫廷建筑，自然至极。

李慈铭《越缦堂日记》记录当时情景云："至潭南普济寺，即古

---

【1】《鸿雪因缘图记》，全书共三集，每集分上下两卷，一事一图，一图一记，凡 240 图、记240 篇，系清麟庆撰著，汪春泉等绘图，为作者记述身世与亲历见闻之作。道光十八年（1838），麟庆门生王国佐将《图记》初、二集付之剞劂。麟庆殁后三年（1849），其子崇实、崇厚在扬州觅得良工，将包括初、二、三集全部图画文字内容的《图记》刻板印行，刻工十分精美。

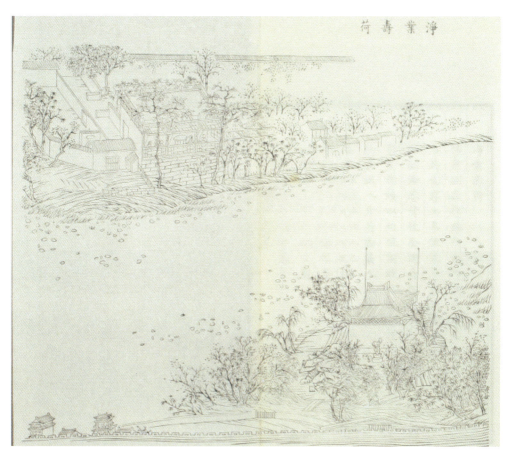

《鸿雪因缘图记·净业寿荷》

之净业寺，俗所谓'高庙'也。寺甚幽邃，面湖有楼五楹，高山林端，眺望尤美。董恂尚书题曰'日下第一楼'。楼之北有水榭五间，其东面湖，阑槛清深，花树窈窕，有酒家居此卖肴核，士女萃至，琦傫不绝，往往红妆出幔，翠袖临窗，璁钏调冰，横钗薛藕，烟水绮丽，增佳观焉。"

1928年北平市社会局寺庙调查，记载该寺情况云：

坐落西海南沿高庙十号，建于明，属私建。管理及使用状况为除供佛及僧众自居外，余房出租。庙内法物有铜释佛、泥关帝等共四尊，大铜钟一口，小铜钟一口，大铁鼎一个，瓷五供一堂，瓷蜡扦一对，瓷花瓶一对，瓷香炉一个，铜磬一口，大鼓一个，明

文化创意园区入口

高庙毗卢殿

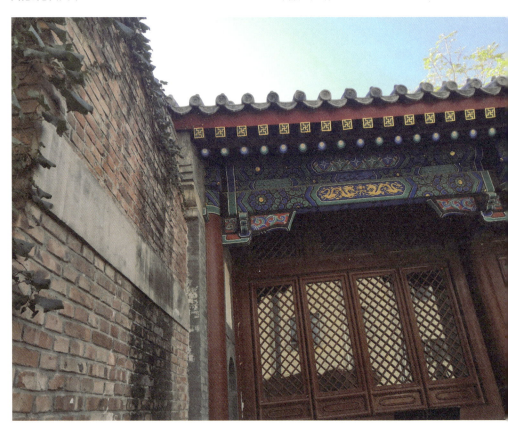

有机玻璃制品厂及化验楼与大殿相连

官版藏经三百卷，另有石碑一座，大柏树六棵。1936年北平市社会局再次进行寺庙调查时，该寺坐落在德胜门内高庙十号。建于明正德五年。清嘉庆十七年重修，民国九年改建，属于私建。房屋八十九间。管理状况为自行管理。佛殿除供佛外余房出租。庙内法物有铜钟、铜报钟、铜磬各一口，铜云牌一面，法鼓一面，铁鼎一座。乾隆加紫官窑香炉、烛台花瓶一堂五件，明正统官版藏经三百余卷，铜佛像一尊，泥佛像两尊，另有石碑一座，大小松柏树二十余棵。

1947年北平市社会局第二次寺庙总登记时，该寺住持为宽祥，为当年北平市宗教界有名的僧人。

1958年，北京有机玻璃制品厂在这里注册成立，现为西海48文化创意园。

普济寺现存建筑仅剩院内西侧毗卢殿，坐西朝东，硬山顶，正脊两端有吻兽，面阔五间，进深一间，左侧山墙已经与旁边建筑砌为一体。1989年8月公布为西城区文物保护单位，2013年重新修缮。

## （二）碑刻简介及录文

### 1. 简介

庙内原有清嘉庆二十一年（1816）《关帝高庙碑》，今已不在原址。中国文化遗产研究院藏有拓片，拓片碑身高121厘米，宽65厘米；额高、宽均为21厘米。

### 2. 录文

额正书二行，行二字：万古」流芳
重修」关帝高庙记」
京都德胜门内北城日忠坊旧有古迹」关帝高庙，迫于前明正德五年，御马监太监李」公讳宪者重修殿宇，再塑金身，添建神堂、山」门、墙垣，庙貌为之一新。曾于殿前立碑以记」其事。兹于嘉庆十七年，我等诚感显应，虔修」此庙。因见其碑年久劈裂，字迹残缺，恐昧前」人善果，故重刊建碑石，谨记其意云耳。」
大清嘉庆二十一年岁次丙子菊月谷旦立

菊月，即农历九月，正是菊花盛开时节。

寺北为梁济（梁漱溟之父）投水自沉处，民国七年（1918）立有"梁巨川先生殉道碑"，1966年被毁。

梁济（1858—1918），字巨川，一字孟匡，别号桂岭劳人，以字行，广西桂林人，光绪间举人。历官内阁中书、教养局总办委员、民政部主事、京师高等实业学堂斋务提调。清亡后，投水自尽。

国家图书馆、中国文化遗产研究院藏有"梁巨川先生殉道碑"拓片。拓片碑阳高164厘米，宽64厘米；碑阴高108厘米，宽63厘米。

碑阳：行书大字一行：桂林梁巨川先生殉道处

碑阴：刻题记

梁巨川先生殉道碑旧照

梁公讳济，字巨川，广西桂林人。其先累世仕」清。逮公以举人官内阁侍读，迁民政部员外」郎。光宣之间，国不竞，政亦日非，忧悄孤愤不」能自已。私为奏议，欲言事而求罢。会国变不获」上。民国初建，执政者征辟之，固辞者四。以」民生困殆，官不宜厚俸自养为言，其词恻怛」刻切，闻者动容。癸丑，秘为遗书数通，与世诀。」家人微觉，乃自隐未发。越四年，戊午十月初」四日，公六十生辰，家人谋上寿。先六日戊午，」来居湖上，扃户作书，深夜不休。初七日昧旦，」投身湖之南渠大柳根下。留书于案，其旨曰：」某之死，殉清而死也。身值清末，故曰殉清，其」实不以清而殉。以幼之所学者如是，不容不」殉。其言甚长，不具录。越二十日，是处又有公」之旧友吴梓箴君相继以殉之。嗟乎！厌世之」同志者，皆救世之伤心人也。建石述略，以志」不忘。岁集戊午嘉平月长洲彭诒孙立石」命弟汶孙书丹　京师翰茂斋李月亭捐工镌字
碑基中心□殉道地点，营造人六人。

# 二、上庄东岳庙

## （一）寺观简介

上庄东岳庙位于北京市海淀区上庄镇永泰庄，正名东岳行宫，主奉东岳大帝——东岳大帝，又名泰山神，中国阴阳五行说认为，泰山位于中原东方，是万物生发方位，因此，泰山神主生死。《三教源流搜神大全》云："泰山者，乃群山之祖，五岳之宗，天帝之孙，神灵之府也！"后又传为阴曹地府十殿阎君和十八层地狱主神。

上庄东岳庙建造于明代。揆叙去世后，康熙五十九年（1720），纳兰家总管安尚仁念十二年前明珠遗愿，对东岳庙、龙母宫、真武庙三所寺庙进行修缮，并立碑为证。此碑现存于北京石刻艺术博物馆。

东岳庙建筑分为东西两路，西路依次为山门、钟鼓楼（鼓楼已无）、前殿、正殿、后殿，是庙宇建筑的主要部分。寺庙东路建筑多有改建，增建民房多座。

山门为一开间悬山顶，安装墓门两扇，上有门簪四枚，两侧施余塞板。左右两侧原各有侧门一座，今仅存东侧门，西侧门改建为房屋。钟楼为歇山顶，分上下两层，上层为木质障日板壁，檐下施斗拱，下层为砖砌结构，开券门。鼓楼今已不存。山门已经修缮，一旁还有侧门，可出入西路与东路。门前经过修整，成为村民活动的文化广场。

天王殿面阔三间，明间辟券门，石券浮雕云龙纹饰，工艺精美。上嵌石质匾额"瞻岱之门"——岱，泰山的专称。[1] 主殿建于石质台基上，前有月台，两侧有垂带踏跺。面阔三间，庑殿顶，四角各有攀天柱一根。檐下施重昂七踩斗拱，补间斗拱共六攒，转角斗拱为重昂七踩。大殿正脊颇短，推测其建造年代应比较早。主殿檐下施苏式彩

---

【1】《风俗通义·山泽》称："东岳泰山尊曰岱宗，岱者，长也，万物之始，阴阳交代，云融石而出，肤寸而合，不崇朝而遍雨天下，其唯泰山乎！故为五岳之长。王者受命易姓，改制应天，功成封禅，以告天地。……岱宗庙在博县西北三十里，山虞长守之。十月日合冻，腊月日涸冻，正月日解冻，皆太守自侍祠，若有秽疾，代行事。"

五岳大帝

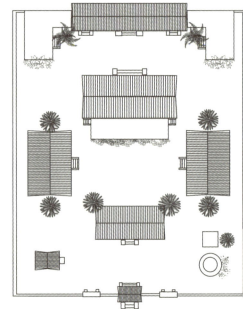

东岳庙平面图

画，色彩保存较好。

后殿面阔五间，硬山顶，不施斗拱，墙壁为砖砌，间以木柱。门、窗均已改装成现代样式。两侧有东西配房各三间，情况相同。

东路同样为三进院落，前殿面阔三间，中殿面阔五间并北面出抱厦三间，后殿面阔五间。东路建筑拆改较多，前院建砖砌水塔一座，后院有多座后期添建的民房。2003年，上庄东岳庙被北京市政府公布为北京市重点文物保护单位。

## （二）碑刻简介及录文

### 1. 简介

东岳行宫碑记碑原位于海淀区永太庄皂甲屯，1986 年征集，现藏北京石刻艺术博物馆。

碑系螭首龟趺，碑身从中部断裂，后经粘接，下部稍有残缺，龟趺基本完好。碑身阳、阴四周边框雕刻云龙纹，两侧高浮雕云龙纹，恢宏精美。碑首身通高 553 厘米，宽 131 厘米，厚 61 厘米；龟趺高 133 厘米，宽 136 厘米，长 350 厘米。碑阳额文 3 行，行 3 字，篆书。碑文 16 行，满行 69 字，现存 818 字，正书。碑阴无字，无额题。

碑文撰写人为王时鸿，书丹狄贻孙，篆额王澍，三人都是"赐进士出身、翰林院编修加一级"。

王时鸿，字霄羽、坊孙。康熙四十四年（1705），圣祖南巡，时鸿以诸生献诗行在。召试，拜御书、白金之赐，入武英殿篹书。康熙五十年（1711），举顺天乡试。明年，特赐进士，选庶吉士，改编修。学问淹贯。与叶洮友好。康熙三十二年（1693），王时鸿赴涿州为叶洮奔丧，料理叶洮灵枢南归事务，作《夜次涿鹿吊故友叶秦川》："点染灵台水与丘，山农日日奉宸游。布衣存殁君恩渥，何事浮生感去留。"诗前序云：

> 秦川以丹青名京师，儒冠野服与王公大人游。今天子召见畅春园，自称"山农"，因命点染上林，堪称旨。明年假归，昨岁应召北上，夏五月次涿鹿，病疽道卒。友人鹿苍霖、钱鹤来经纪其丧于涿之城南僧舍。事闻，上悯然，敕南邦织造使资其丧归，仍赐葬金四十两，命有司恤其家。

狄贻孙，字宗维，江宁府溧阳县人。康熙五十一年（1712）进士，授翰林院编修。王澍（1668—1743），字蒻林，号虚舟，江南金坛人。康熙五十一年进士，累官至吏部员外郎。以善书，特命充五经篆文馆总裁官。

碑文作于康熙五十九年（1720），揆叙卒于康熙五十六年（1717），因此，主持此事的名义上是成德之子、揆叙之子，实际上应是明珠家管家安尚仁。但是，揆叙生前长期担任翰林院掌院，又文学政事兼通，深受皇帝宠信，三人当皆是揆叙友人。

碑记中，王时鸿称"尚仁介朱岱请记于余"，则并非安尚仁直接联系的王时鸿。朱岱，山东临清人，贡士，康熙十九年（1680）任大同府广昌县知县。

碑文叙三庙在大学士明珠祖茔附近，明珠扫墓时，看到庙宇颓败，早就打算捐资重修，因忙于公务，无暇顾及。康熙四十七年（1708），初夏，明珠病危，遂令安尚仁代为修庙。因条件未合，直到康熙五十六年（1717）正月，揆叙卒，将要营葬祖茔，安尚仁方"大集工师，土木并举"，经过三年的大规模修缮，三庙均已金碧辉煌，焕然一新，在三庙"各延高僧，朝夕梵修"。并将祠宇通墓地的两座木桥，包括今永丰乡西玉河村北的永福桥也一并改建成石桥。等到一切就绪时，已是明珠死后的第十二个年头。

2. 录文

　　　　　　榆河乡重修东岳庙记｜
　　　　　　重修榆河乡东岳行宫碑记｜
　　　　　　赐进士出身、翰林院编修加一级华亭王时鸿撰文｜
　　　　　　赐进士出身、翰林院编修加一级溧阳狄贻孙书丹｜
　　　　　　赐进士出身、翰林院编修加一级金坛王澍篆额｜
都城德胜门之北，有曰榆河乡，中有皂荚屯者，或云昔造甲处。其地平原广野，土厚□深，有相国明公与其哲嗣总宪揆文端公墓在焉。主穴乃相国之考妣，以故相国岁时瞻扫，辄｜流连栖息于丙舍中。梵宫琳宇与丙舍邻，而鼎峙于二三里内者，曰东岳庙，曰真武□，曰龙母宫，皆古名刹而颓圮，渐沦没于荒烟蔓草中。相国每过而唏嘘，皆欲鼎新之，于役王事，｜忽忽未能也。至康熙戊子初夏，公遘疾不起，属其总管安尚仁曰："吾藏魄之所，应在□□之穆位，千载松楸，吾其永游于斯矣。惟左近三祠宇，吾久欲重加营葺，而忽忽未就，他时毕｜吾窀穸，尔其为我成此志，毋忘吾言。"尚仁泣而受教，迄今盖十三年所矣。文端公□□□□酉年正月去世，既营葬于祖茔之次穆位。尚仁于是竭资尽力重加修葺三祠宇，筑基址｜，储良材，皆取朴茂坚固。凡既具矣，乃大集工师，土木并举，三载以来，劳费备至。而所□□岳庙、真武庙、龙母宫者，皆先后落成，涂茨丹腹，美哉轮

重修榆河乡东岳行宫碑

奂。各延高僧住持在内，朝夕梵修，粥」鱼斋鼓，三地声相接，刹竿云气与旛影飘摇，招纳四众，摩拜顶礼，真郊原钜观也。复□□河马房皆为三刹及墓道通衢，而清河一亩泉诸水漂溢为患。向有木桥各一，日久就圮，行」人病涉。复于两地各构石梁，以通行役。而沮洳卑湿之径，一归坦途。尚仁之志于是□毕，而相国未竟之愿于是乎得，遂尚仁不特以乐善好施为福田利益，其不忘相国遗言，而必」欲备物尽，致无一毫遗憾而后止，尚仁亦贤矣哉！余按：东岳庙祀昉，于唐开元时，□泰山神为天齐王，宋大中祥符间加号东岳天齐仁圣帝，其分祀于郡国者若为神之行宫。然京」师载在祀典，著于朝阳门外。榆河乡之东岳庙，故碑载记，亦相传为唐时古刹。在□河西道旁，旧通白羊口，往宣大通衢，今为入居庸关路也。真武为武当神，亦专祀于楚，而所在立庙」亦是行宫意。若夫龙母，原无专祀，而京师之黑龙潭，岁旱祷求，灵验最著。龙母，水□也，此地洼下多水，祀所由来当亦旧矣。东坡所谓掘地得泉，正如诸神随地而感，不以泉专在是」而始求之也。孰谓此三神者不随地而有严哉！祠既落成，尚仁介朱岱请记于余，余为志其所以备举之故，以传相国之遗意，著尚仁之美事云。是为记。」大清康熙五十九年岁次庚子九月谷旦」

# 三、龙王圣母庙

## （一）寺观简介

龙王圣母庙，又称龙母宫，位于海淀区上庄镇皂甲屯村 116 号中国人民解放军第九八四医院（原二六一医院）内院区南侧。

寺庙坐北朝南，庙宇基本结构、建筑保存相对完好，分东西两路，三进院落，以西路为主。东路目前仍有医院工作人员居住。

寺庙山门为砖石结构，歇山顶，正脊有吻兽，檐下有龙纹砖雕，山门石匾所书五字漫漶不清，依稀可辨"龙王圣母庙"，匾额左侧文字可辨"康熙丙申年仲秋月吉日重建"，山门东西两侧各有夹杆石一。山门后为前殿，面阔三间，进深一间，歇山顶样式，殿前东侧立有一通康熙年间的重修碑。两侧为钟鼓楼和东西配殿，钟鼓楼为两层砖木结构，歇山顶；配殿为硬山顶，面阔三间，进深一间。二进院与一进院相仿，有中殿和东西配殿，院中有一座六角形花坛，中殿和左右配殿间角落各有一小门。工作人员称，后院现为医院护士宿舍使用。

据已故的黄兆桐老人称，龙母宫第三进院落有东西配殿，面阔三楹，东殿内正中有石佛龛一座，为汉白玉雕刻而成，奉小石碑一通，上镌"明珠之神位"。

1999 年，龙王圣母庙列为海淀区文物保护单位。

## （二）碑刻简介及录文

### 1. 简介

龙母宫西路一进院落殿前有石碑一通，螭首龟趺，记录清康熙五十五年（1716）重修龙母宫经过。

碑文中称："乙未，大雨滂沱，洪水横流，凡昌郡左右地方其被冲害者固多而受沦，独此方宴安如故，一人不致伤损，则受龙母之庇

八四医院门前

母宫门前全景

龙王圣母庙门额

龙母宫前殿三间，殿前有重修碑一通

中殿三间

二进院落西侧配殿

后院暂时无法进入

龙母宫东路外墙

佑不诚宏深也哉……爰于丙申春间，辄兴土木之功，经营缔造之法，而讵料工人，各有善心，欢□鼓舞，不数月而遂告成焉。"乙未，康熙五十四年（1715）；丙申，康熙五十五年（1716）。

皂荚屯彼时属昌平州。明正德元年（1506），以昌平县改置，属顺天府，治所即今北京市昌平镇。旋罢，八年（1513）复置。辖境相当今北京市昌平、顺义、密云三区。又可知彼时附近有思源庄、新庄、皂甲屯、玉河各村。

廪膳生员，科举制度中生员名目之一，明清两代称由公家给以膳食的生员，又称廪膳生。明初府学四十人，州学三十人，县学二十人，月给廪米六斗。清代沿其制，经岁、科两试一等前列者，方能取得廪名义。名额因州、县大小而异，每年发廪饩银四两。廪生须为应考的童生，具结保证无身家不清及冒名顶替等弊。

## 2. 录文

重建龙王圣母庙碑记｜
皂甲屯之有｜龙母庙，其来久矣。创之者不知自何代，兴之者不知自何人。而但此地自有龙母庙，数十年来冰雹不作，蝗｜应无祷不遂，固无庸言矣。即如乙未，大雨滂沱，洪水横流，凡昌郡左右地方其被冲害者固多而受沦，｜独此方宴安如故，一人不致伤损，则受｜龙母之庇佑不诚宏深也哉！众姓因其不忍庙貌倾颓，墙垣倒坏，而即于乙未岁广募好善之士，共为兴造。｜向工师而商之曰："既欲重建，岂可若泛前之规模促狭，室浅垣平，而不足以肃人之观瞻者乎？"工师曰："唯｜命。"爰于丙申春间，辄兴土木之功，经营缔造之法，而讵料工人，各有善心，欢□鼓舞，不数月而遂告成焉。｜入庙瞻仰，见其｜圣像巍峨，栋宇辉煌，孰不谓左右村人有志向善，而能以仰报龙母之大德也哉！于是嘱余为记。余不获辞。｜神之灵应与其兴造之由，而俾后之览者或有动于继起之思。非其后先之同也夫。｜
昌平州廪膳生员任淳撰文并书丹｜
大清康熙五十五年十月 上浣之吉｜
思源庄众善人等｜ 新庄众善人等｜ 皂甲屯众善人等｜ 玉河众善人等｜ 远近各乡众善人等｜ 公立｜ 住持僧｜

龙王圣母庙重修碑

# 四、真武庙

　　真武庙，即主奉祀真武大帝的庙宇。

　　皂甲屯真武庙位于皂甲屯村东南三里、李家坟村东北侧，原本坐落在高大的土台之上，又称高庙。据黄兆桐老人回忆，真武庙坐北朝南，有33层台阶，可至山门。寺庙依次为山门、前殿、正殿和后殿，正殿前有东西配殿。后殿为一座汉白玉雕刻而成的石雕房屋，面阔一间，雕刻精美，为石刻中上品，内有汉白玉石碑一通，上镌文为"皇清诰封太子太师武英殿大学士礼部尚书相国明珠之位"。庙内原有真武庙重修碑一通，今已佚失。

　　据村民称，真武庙改革开放后为队部使用，还做过小学，后来荒废。今天殿宇已然无存，高大的土台也被推平，改成了种植大棚，仅存古井一口。

真武庙遗存的水井

玻璃花房处原为真武庙土台所在

# 五、关帝庙

## （一）寺观简介

大渝河关帝庙位于上庄镇北玉河村，两进院落，已无围墙。山门临街而开，面阔一间，硬山顶箍头脊。前殿硬山顶，面阔三间，前出廊，门窗花饰均为后改。后殿三间，硬山调大脊，前出廊，左右有朵殿各一间。庙内建筑近年经过修葺，油饰一新，仅主殿内梁架上保存有部分旧时旋子彩画。2015 年，关帝庙被公布为海淀区文物保护单位。

关帝庙山门

前殿三间

后殿三间及左右耳房

## （二）碑刻简介及录文

### 1. 关帝庙重修碑

#### （1）简介

关帝庙内旧有清雍正十二年（1734）关帝庙重修碑一座，碑阳记载寺庙重修经过，碑阴记载庙内的香火地分布和信众题名，其中有纳兰明珠家总管安尚仁舍地记录。今石碑已不在原址。国家图书馆藏有碑刻拓片。

石碑撰文人为通理，即达天通理，是雍乾时期贤首宗高僧，有清代"贤首宗第一人"之誉。际醒撰《敕封阐教禅师塔铭》载其事甚详。达天通理（1701—1782），直隶新河（今河北省新河县）人，俗姓赵。十九岁，拜入潭柘寺德彰律师门下，曾驻锡岫云寺、遗光寺、香界寺、拈花寺等处。乾隆三十一年（1766），升僧录司正印，管理天下释教之事。四十五年（1780），与六世班禅会晤后，获赐"阐教禅师"尊号。四十七年（1782）圆寂，享年八十二岁。通理著述宏富，作有经义注疏多种，曾任《清文翻译全藏经》（即《满文大藏经》）总校。

寺庙重修工程主持为"传临济正宗三十四世、开山第一代住持僧人明树"。

贤首宗，创始人为唐代法藏，字贤首，通称"贤首大师"，以《华严经》为主要经典，故亦称"华严宗"。临济宗，为禅宗南宗五个主要流派之一，始于临济义玄（？—867）大师。义玄曾从黄檗希运禅师学法，之后往镇州（今河北正定）滹沱河畔建临济院，后世遂称为"临济宗"。

雍正八年（1730）八月十九日，北京地区发生 6.5 级强烈地震，震中位于北京西山附近，"京之西北沙河、昌平及西山相近村庄，房屋倒塌甚多，人口亦有损伤"。榆河村关帝庙距离震中较近，受损严重，雍正四年（1726）以来重修之成果毁于一旦。唯雍正无辛丑年，再修工程开始之年或为地震次年雍正九年（1731），或为雍正十一年（1733）。

（2）录文

碑阳：

篆额二行，行二字：奕叶」承流

正文：

重修关帝庙碑记」
遗光寺法师通理 撰文」
昌平州增广生任琨 书丹」
保定府安肃县增广生杨正 篆额」
夫创业者虑守成之难，必思有以荫覆之；而守成者体创业之苦，宜思有以继述之。诚如是则一世可至万世而」为丛林也。粤本山肇自康熙四十四年，开山建立迄今二十余年矣。先是破屋败椽，难蔽风雨，洎四十八年己」丑，适余主席之四载，遂发善念，鸠工庀材，虽未美备，聊以粗就，仅容禅栖而丛林尚未恢弘焉。自后于雍正四年丙」午，重拓新基，尽易旧制，历四载其工始竣。当是时，庙貌辉煌，巍然焕然，余心宁不稍慰乎？不意方阅一岁，旋经地动，」二十年之经营危于一旦。似此意外之事，孰不为之痛心？瞻顾彷徨，尚望其有兴复之日哉！乃余不惮老迈，勉受□」辛，蓄地亩之力，集檀信之资，辛丑重整，甲寅再备，因思丛林兴建，虽关地亩，而废坠修葺，实赖檀资。爰将兴建始□」并前后所置地亩合勒诸石，以垂永久，用示将来，私心窃冀后之住持是山者，宜念余之苦，守余之业，时加修督，□」令废坠，则余之幸也，亦檀信之幸也。」
传临济正宗三十四世开山第一代住持僧人明树修建」
石匠周鸣岐、贾国玉镌刻」
时」
大清雍正十二年岁次甲寅孟夏 谷旦立

碑阴：

大榆河关帝庙施舍并自置香火地亩，四至清开于左：」
山主一等阿达哈哈番舒数施地一段四亩，坐落庙南。东至旗地，西至庄窠，南至香火，北至旗地。又地一段四十亩，坐落村北。东至」旗地，西至道，南至香火，北至旗地。内阁学士和素施庙身地一段。牛录章京兼员外郎事石头施庙身地一段。牛录章京关」只科泰施地十八亩，坐落村东。东至旗地，西至民地，南至旗地，北至沙岗。宁秀布施地六亩，杜文路施地三亩，孔印凭施地」三亩，共合十二亩。东至道，西至旗地，南至香火，北至庄窠。安尚仁施地三十六亩，坐落关家坟西。东至坟，西至沟，南至道，北至旗」地。又施地一段十四亩，东至道，西至龙母宫香火，南至沟，北至道。姚门常氏施地八亩，卢门沈氏施地八亩，共合十六亩，坐落村⌐南。东至沟，西至道，南至坟，北至坟。自置香火地二十四亩，坐落村东南。东西至旗地，南至坟，北至道。又置地四十五亩，坐落村东。⌐东西至旗地，南至坟，北至道。又置地五十亩，坐落村东。东西至旗地，南北至道。又置地十四亩，坐落村东。东西至旗地，南至道，北至⌐旗地。又置地三十六亩，坐落村东。四至俱至旗地。又置地十五亩，坐落村东。东西至旗地，南北至道。又置地四十五亩，坐落村东。东⌐至沟，西至道，南至旗地，北至道。厢黄旗包衣下那六哥、全德、全福、全安、全宁施香火地一段四十亩，坐落玉河村东洼。东至民地，南至旗地，西至其地，北至其地。⌐十方檀信芳名开列于后：又置买地一段十亩，坐落村东翟家坟前。东至其地，南至道，西至其地，北至道。⌐

大榆河合村众善人等：⌐
李文俊　薛应彪　于良柱⌐
萧崇仁　金芝瑞　王玺⌐
万芝英　吕宗望　常登科⌐
齐荣　沈士元　殷垣⌐
赵孔贵　郭卓拜　杜文路⌐
孙茂芳　李宗华　张文学⌐
樊有功　王开宇　郭天英⌐
皂甲屯合村众善人等：⌐
金云程　许良佐　吴恺⌐
黄文相　金鉴　牛世祥⌐
高敏学　姜说　赵七十⌐
张文学　殷飞鹏　牛世禄⌐
王佐　李逢春　宋景清⌐
杨志誉　张明山　寇玉臣⌐
毛凌　贾世英　李门姚氏⌐
新庄合村众善人等：⌐
赵弘仁　牛应龙　王文珣　张文玉　张通　卢玺⌐
李埙　俞进忠　郭凌云　段琦　郭天民　萧杰⌐
姜文贵　赵奎　卢煜　郭从义　朱□太　赵哈纳⌐
李文章　秦万魁　刘贵　董耳才　车永奇　厉迎夏⌐
李四德　萧珠　董耳音　王必登　车永秀　朱万世⌐
李天福　丘翰　李天禄　王崇礼　张万良　何良药⌐
梁门甄氏　马实善　金保住⌐

　　山主，有寺庙住持、山地之主等多重含义。此处或意指榆河村为一等阿达哈哈番舒数之族地。阿达哈哈番，清代爵名。顺治四年（1647）定名。乾隆元年（1736），定汉字为轻车都尉，满文如旧。

施地者有安尚仁，还有宁秀，疑此宁秀或为"永福之子宁琇"。由碑文大约可知该地旗地、村庄分布情况。

2. 重修灵应关王庙碑

（1）简介

北京石刻艺术博物馆在野外普查中，于北玉河村东南角采集到明代关王庙碑拓片一套二张，额题"重修灵应关王庙碑记"。文字漫漶严重，仅有零星文字依稀可辨。虽然通理大师言清代关帝庙肇基于康熙四十四年，但不知与前朝庙宇是否存在一定的承继关系，兹录碑文如下，以供参考。

（2）录文

碑阳：

正书 16 行，漫漶严重，仅个别文字能够识读。

额篆：重修灵应关王庙碑记 」

/ 三十八年 」
/ 颓圮，近于嘉靖己未岁正月十二 / 」
竹 / 」
/ 地 / 祝曰：明月 / 修 / 」
/ 因此布施□□□须以 / 」
圣寿祈 / 斯 / 」
李公发心修理中轩公一 / 工官吴 / 」
/ 寺庙桥梁坍塌损坏，即行修理，□□□至庚申□八月 / 」
予素有 / 神 / 」
/ 此 / 」
王在 / 」
/ 」
圣朝有敕建庙，在顺天府宛平 / 王正直 」
/ 万古 / 」
/ 不 / 」
/ 」

碑阴：

无额。正书 9 行，因文字漫漶，满行字数不明。

钦差总督东厂 / 」
　　掌监事太监□□ 」

提督太监李端 ⌋
　典簿官白元 刘恩 ⌋
　掌司房官姚臣 张延 张朝 申信 杨万□ 王宋臣 ⌋
　　立碑用□忠 ⌋
　管库等官邵川 张福 吴朝 王□ 李金 李和 ⌋
内官监掌监事太监袁亨 ⌋
／　　　□□□四□□□住持僧人性□□修香火 ／ ⌋

　　由碑阴文字题名，可知捐资者尽是太监，该庙应为太监香火院，即退休后养老之地。

北玉河村重修灵应关王庙碑阳

北玉河村重修灵应关王庙碑阴

# 第四章　纳兰宗族墓地文物史料

　　纳兰氏家族墓地位于北京市海淀区上庄村皂甲屯。由南寿地、北寿地和石牌坊、石像生与碑楼等部分组成，现均无遗存，所有资料均出于文献或调查所得。

　　南寿地，也称纳兰氏祖茔，有宝邸五座，宝邸前有享殿、石五供、神道碑等。葬有倪迒汉夫妇、郑库、明珠夫妇、成德夫妇、揆叙夫妇。北寿地是揆方并郡主墓地，有宝邸四座。葬有揆方夫妇、永寿夫妇、永福夫妇、宁琇夫妇。

　　20 世纪 70 年代，南北寿地先后出土九盒墓志：纳兰成德夫妇墓志各一盒，明珠、觉罗氏墓志各一盒，二弟揆叙夫妇、三弟揆方夫妇与永寿墓志各一盒。纳兰成德（志底）、纳腊卢氏、纳兰揆方、觉罗淑慎共四盒墓志存于北京石刻艺术博物馆；纳兰明珠、觉罗氏、纳兰揆叙、耿太夫人及永寿墓志存于首都博物馆。

# 一、南寿地

## （一）明珠墓志

### 1. 原石简介

明珠墓志长 111 厘米，宽 111 厘米，厚 19 厘米。盖文 7 行，满行 6 字，篆书。志文 88 行，满行 85 字，正书。边框为回型云纹。墓志整体保存完好，字迹大致清晰，有少部分风化漫漶。20 世纪 70 年代海淀区上庄乡上庄村出土。现藏首都博物馆。墓志撰文人王鸿绪，书丹人史夔，篆盖人蔡升元。

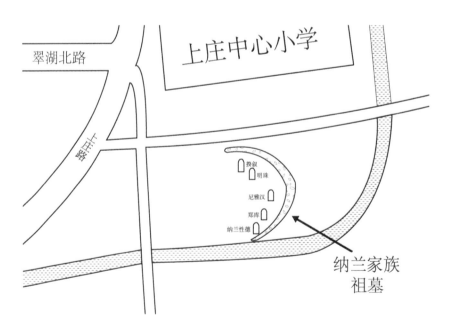

南寿地墓地示意图（改绘）

## 2. 录文

皇清诰授光禄」大夫、议政内」大臣、前太子」太师、礼部尚」书、武英殿大」学士明公墓」志铭」

皇清诰授光禄大夫、议政内大臣、前太子太师、礼部尚书、武英殿大学士明公墓志铭」

赐进士及第、经筵讲官、户部尚书加六级华亭门年眷姪王鸿绪顿首拜撰文」

赐进士出身、日讲官、起居注、詹事府少詹事兼翰林院侍讲学士加一级溧阳门人史夔顿首拜书丹」

赐进士及第、经筵讲官、内阁学士兼礼部侍郎德清门人蔡升元顿首拜篆盖」

康熙四十七年四月十七日,内大臣故相国明公薨于第。上命大臣侍卫莅丧、奠茶酒,为定期殡郊外,」命皇长子直郡王、皇三子诚贝勒送至殡所,本旗内大臣侍卫咸赴哭焉。礼部以恤典请,」诏赐祭葬如制。初,公病足不能朝,养疾园中,」敕赐名医上药、天厨珍味相望于道,中贵人频至榻前问安否,」谕公子学士揆叙视病增减之势、眠食之节,不时诣苑闼以闻。得稍瘳,」上辄喜,动颜色;久之治弗效,」命学士奉公归第。擢学士为工部侍郎,仍掌翰林院事,俾目见其迁陟。又」赐公天厩马四匹、帑金二千两。及薨,轸悼有加,益」上之眷公者如是。冬十月旬有三日,孤侍郎葬公于昌平州皂荚屯之新阡,而请铭于余。谨据学士孙君致弥所录者,并考公世族官位与其生平大节,合而志于其墓。公讳珠,其先出于海西,远有代序。始祖星根达」尔汉,灭扈伦国,据其纳兰部,因氏焉。迁业赫河之滨,为业赫国王。四传至讳太杵者,公高祖也;曾祖讳杨家努,祖讳金太石,考讳倪逆汉。自星根达尔汉至金太石,世为国王,居开原北关,事具《明史》。金太石有女」弟,作嫔」太祖高皇帝,是为」高皇后,实生」太宗文皇帝。」高皇帝初受命,以兵收北关,于是业赫国诸子皆仕」皇朝,其国之所由废,备载」本朝《实录》。公考倪逆汉,金太石中子也,以佐领累赠光禄大夫;妣墨尔齐氏,累赠一品夫人。子男四人:伯郑奎,官至资政大夫,仲、季俱夭,公其叔也,幼而颖异。六岁母夫人卒,十二岁光禄公卒,为资政公所抚,以孝」友闻。年十七,」世祖章皇帝器重之,授銮仪卫云麾使,即已典章奏参机密矣。」今上登极,改内务府郎中,充总管,迁内弘文院学士,擢刑部尚书,历都察院左都御史、兵部尚书兼佐领、吏部尚书,拜武英殿大学士兼礼部尚书,加太子太傅晋太子太师,充」太宗文皇帝《实录》总裁,」经筵讲官,特授议政内大臣,立朝凡五十有八年,居内阁十有三年。公为人警敏善断,事无大小,洞见本末,措置规画,纤悉中窾要。人有诣公论事者,不待词毕而心所欲吐立已酬答,一经见终身不忘,事隔数千」里

皇清誥授光祿大夫太師一等伯議政內大臣禮部尚書納蘭公墓志明珠墓志盖

明珠墓志盖

朱墓志底

外若决于目前，其才盖禀于天也。而又博览古籍、晓畅朝典，捐细故，敦大体，羽翼善类，奖掖寒士，卓然有古大臣风。计自开国以来，大经大法、兵农钱谷、礼乐政刑，着为令甲垂示后祀者，如《大清会典》《大清律》」《赋役全书》《满汉品级考》《八旗绿旗兵制》《吏礼二部铨选取士法》，由公裁定者居多。其生平嘉言善行，美不胜书，而最不可泯没者数大事，其在兵部也。撤藩议起时，平南王尚可喜奏请回籍，」上以其章示廷臣，多谓不可撤，公抗言宜从其请。」上念三藩俱握重兵，撤之变速而祸小，不撤则变迟而祸大，遂决意撤之。三藩者，平西、靖南及平南而三也。平西为吴三桂，靖南为耿精忠，」诏令还京俱次第反。」上大发兵讨之，首尾数年，以次诛灭，天下由此大定。当是时，」上独断于心而赞其议者，公等四三人而已。唐韩愈之论平淮西也，曰凡此蔡功，惟断乃成，其推原夫功之所由成也，曰一二臣同不为无助。其所谓一二臣者，殆如今之公等是。」上既以公之议同，器公甚，未几由太宰入政府。逆臣方跳梁，军事旁午，」圣天子庙算宏远，推授阃外，战胜攻取，不爽毫发。公密勿左右，当有秘计奇策深契」上心者，而公谨默不自言，人亦莫能知也。兵部议福建提督万正色、总督吴兴祚报军政失实，请令覆奏，严核之。」上以问阁臣，公对曰：封疆大臣有功必覆奏，恐将士解体，部议不可用，」上然之。将军施琅议剿台湾，总督姚启圣欲与俱，令议政王等集议议上，公进曰：一人专兵，其志得行，督提并将，彼此掣肘，惧无功。」上遂专任施琅，台湾以平。公之善处大事多类此。都御史魏象枢荐起高珩为刑部侍郎，及」上前奏事不能举其词，珩请黜，象枢且得罪。公奏珩年老多忘，无他过。珩以老善去，而象枢获免。」上尝论诸之抚备，悉金世德称职，因问公曰：于成龙若何？公对曰：成龙至清，其尽职乃与世德等。成龙山西人，是时抚直隶，后擢两江总督，与象枢并为名臣。将军赵良栋破滇有功，公巡西边归，具以良栋所自言白于」上，久之良栋入奏事，疑公不为言，」上谕阁臣批良栋□章晓示之，良栋始悟。公之保持善类、荐贤为国多类此。满洲大臣佐领家有丧，其所辖职官持服，视奴仆等，有怠慢不至刑以死者。公言属吏、家仆不可一视，有」旨职官免持服，着为例。有于蒙古界盗御服牛者，法当死。」上问所盗非民牛，其可宽乎？公言：蒙古无城郭房舍，故法严。此盗官牛者若以」特旨贷之，乃法外之仁，不为例其可。」上曰然，免死勿为例。兵部言各旗所理讦讼之事，宜立限结案。」上以问阁臣，公对曰：各旗用人，都统、副都统职也，有除补，择健且能者则众心服，今未能尽然，故多讼。一人讦告，研鞫费旬日，两人即倍之，延缓不能结乃坐此，宜责其除补之日，慎选送兵部，或有讦告，令部臣治之。」上曰然，如此则弊端绝矣。公论事曲当且得大体，多类此。福建布政张仲举，请」御书宋儒六子祠额。」上问公云何。

公对曰：程颢等皆前代大儒，阐明圣学，宜｜赐御笔垂永久。｜上从之，于是周、程、张、邵、朱六子之祠，皆｜御书"学达性天"扁额。其后，四方名儒、忠烈之士多得｜御书祠额，自此始也。公通知古今，每当｜御门听政，奏对明朗，悉协理义，｜上辄称善。尝以手敕赐公曰："卿才能素著，持管丝纶重地，赞理机务，因卿凤稽典史，晓邑古今责难陈善之理，《文献通考》等书皆致君泽民，至道所系，特以赐卿，退食之暇，可时观阅，以副朕虚怀求治之意。"盖｜上之信公者深而望公者至，｜君臣交泰，共臻治平。｜圣天子独揽乾纲，意谕色授，公卿大臣奉职循理，夙夜弗遑。公当轴处中，矢之以忠诚，将之以敬慎，才智尽敛，功名不居，从容赞襄于庙堂之上，而天下熙然太和，谓非明良遭遇之盛欤。然柄用日久，间有忌之者，于是人言缘以起。某御史以河工事论总河靳辅，因侵公。赖｜上明圣，知有党局，不之问，而改公议政大臣。其后，｜上数南巡江淮，靳辅功大著，而御史早以他事败去，久之复起，卒以不职丧其名云。公为议政大臣时，厄鲁特跳梁西陲，数为患，｜天子赫然怒，急图殄灭之，｜命公巡察边情，赈济属部。公经营绝漠，得其要领，及｜上自将三征出塞，公皆在军中，其他｜巡幸所至未尝不从。厥后，公春秋高，｜上或时迈方岳，留公京师，有大政事建白诚邸参议。｜上尝宴间念及｜祖宗朝勋旧功绩，辄召公谈论至移日，虽予告倚毗弥重，前后恩赉不可胜纪，而鹅黄带、元狐帽、黑貂袍之｜赐尤为异数；｜御书堂额、大幅手卷、册页、金扇以数十计，在廷罕有匹者。公扬历中外，皆处股肱心膂之任，不矜威权，刻意谨悫，其生平所献纳荐达者，虽亲子弟莫得闻。至待人接物，抑然自下，岂弟乐易，好施予，尤喜寒士。严绳｜孙、朱彝尊、姜宸英、唐孙华之属，时延于家，多致显名于｜朝；吴兆骞成关东，赎以归，厚给之，士类多诵义者。公生于天聪九年十月十日，卒年七十有四。夫人觉罗氏，｜诰封一品夫人，实｜太祖高皇帝嫡孙女、英王正妃第五女，先公薨。子男三人：长成德，康熙十五年进士、一等侍卫，先公卒；次揆叙，工部右侍郎管翰林院学士事，即属余铭者也，甚贤，工诗文；次揆方，尚康亲王女郡主，封和硕额驸，先｜公薨。女三人：长适一等伯李天保；次适哆罗贝勒延寿；次先卒。孙五人：长福哥、早卒；次富尔敦，康熙三十九年进士；次福森，皆成德出；次永寿，次永福，皆揆方出。孙女四人：长适翰林院侍讲高其倬，次适翰林院侍｜讲学士年羹尧，次适马喀纳，皆先卒，次未字，皆成德出。曾孙一人孝哥，福哥出。铭曰：｜厥初靡详，七传世王。有妫育姜，缘｜文母以昌。领军焘后，我公诞受。在｜先帝左右，左宜右有。｜今皇选能，越阶以升。六卿三陟，洎于延登。｜天子圣神，伐叛耆武。中枢赞谋，日可指取。三逆既平，｜天子之功。四方辑宁，朝堂雍容。｜君明臣良，民安物阜。秉国之成，典法是守。引者孰贤，庸者孰才。古有箴言，造膝诡辞。方居台司，常执谦退。比谢鼎轴，仍参大议。黄发寿耇，邦之典型。奕世载德，为光」帝廷。臣忠罔渝，」主恩勿替。生荣死哀，加礼逾制。人臣咸若，时唯国家之麻。谨述大者，以□诸幽。

"初，公病足不能朝，养疾园中，敕赐名医上药、天厨珍味相望于道，中贵人频至榻前问安否，谕公子学士揆叙视病增减之势、眠食之节，不时诣苑阆以闻。得稍瘳，上辄喜，动颜色；久之治弗效，命学士奉公归第。擢学士为工部侍郎，仍掌翰林院事，俾目见其迁陟。又赐公天厩马四匹、帑金二千两。及薨，轸悼有加。"可知明珠晚年事。碑文中的"园"，即当指自怡园。苑阆，即畅春园。第，即德胜门内明珠宅邸。

"冬十月旬有三日，孤侍郎葬公于昌平州皂荚屯之新阡，而请铭于余。谨据学士孙君致弥所录者，并考公世族官位与其生平大节，合而志于其墓。"孤侍郎，指揆叙，因其兼掌院学士、兼礼部侍郎。孙致弥，字恺似，一字松坪，八都人（今属高桥地区）。家贫好学，才情藻逸，尤长于诗。康熙二十七年（1688）进士，选庶吉士。以蠲漕议，几狱。阅十年复职，四十一年（1702），典试山西，授编修。寻充《佩文韵府》总裁，历官至翰林院侍读学士。累官至侍读学士。致弥工诗善书，有《祆左堂集》六卷、《续集》三卷、词四卷。

## （二）明珠夫人觉罗氏墓志

### 1. 原石简介

明珠夫人觉罗氏墓志长 109 厘米，宽 109 厘米，厚 18 厘米。盖文 6 行，满行 6 字，篆书。志文 37 行，满行 58 字，正书。边框为龙纹。墓志整体保存完整，字迹多有漫漶。20 世纪 70 年代海淀区上庄乡上庄村出土。现藏首都博物馆。墓志撰文人唐孙华，书丹人胡会恩，篆盖人陈元龙。

## 2. 录文

皇清诰封太子」太师、武英殿大」学士兼礼部尚」书、相国纳兰」元配、一品夫人」觉罗氏墓志铭」

皇清诰封太子太师、武英殿大学士兼礼部尚书、相国纳兰公元配、一品夫人觉罗氏墓志铭」

礼部仪制清吏司主事唐孙华拜撰」

日讲官起居注、翰林院侍读陈元龙拜篆」

兵部督捕右理事官胡会恩拜书」

夫人觉罗氏，太祖高皇帝之嫡孙女、英王之嫡出第五女也。我」国家起自漠北，钟白山黑水之祥。宗室诸王，类皆魁异雄杰，龙骧凤举，应运崛兴，有大勋于社稷。而公族藩邸之女，亦多孕灵毓秀，聪睿明达，体性自然，得」之天禀。如夫人者，盖坤元之上德而闺阁之异人也。夫人幼孤，婉娩端淑，不教而成。及笄择配以相国公，才尤而种贵，遂选尚焉。当夫人之于归也，相」国初登仕路，夫人削衣贬食，厖治家政，使相国无内顾忧，得以并心一意宣力王事，及其受」主知跻大位。相国忠诚干济，勤劳于外；夫人则综核明察，操持于内。至三逆乱起，相国方管中枢，调度军旅，传宣」诏命，日在禁闼，晨而入或夜分乃归，衣不解带者累月，投□□闺之警一夕数至，则推枕而起，筹划机宜，应时立断。夫人于是时传敕左右，□□门关严扃」命干辄击柝者，巡警毋怠，盖亦中夜屏营，中旦而不寐也。及逆□□□，相国以勋劳□□，□□政府。□时，相国佐」天子以协和万邦，允厘庶政。夫人佐相国以绸缪□庭，约束□从，如熏篪之相和而桴鼓之相应也。海内承平，四方无事，相国乃于西郊之外，畅春园之后，」诛茆结庐，为自怡之园，垒石凿沼，莳花种树，岩壑幽美。」皇上于春秋佳日，时游畅春园，相国与夫人辄徙家屋园中，花晨月夕，泛舟中流，涟漪□生，绿竹□发。是时相国与夫人年皆已五十有余矣。始忧勤而终」安乐，固其时也。」上常临幸，相国率二子伏迎道旁，夫人亦迎于门内，」上每温言慰劳，谕令□阁，辞色蔼然，略如家人之礼。以夫人诧体」天家，宗支至□，非□大臣妻所可比也。夫人性识明慧，能知大体，中外之事，区处详密。凡家丞谘禀，一言裁断则疑滞洞开，事乃立定。勾稽出入，酬答众务，」丝分缕析，井然不紊，毫发铢两之奸皆无所容，是以相国相敬如宾数十年如一日也。其训教诸子有均平之慈而无姑息之爱，故三子皆有俊才，并」为国器。长成德，康熙癸丑科进士，官侍卫，以文章显名，早卒，有《通志堂文集》行于世；次揆叙，官佐领，充侍卫，聪敏好学，早岁工诗。」上闻其名，召试乾清宫，立就经义一篇，诗二首，皆斐然可观，」上深加奖叹焉；次揆方，读书能通大义，幼凝重，有成人风，尚康亲王女郡主，封和硕额驸。女三人：一配温郡王，一适一等伯李天宝，乃宗勋之后也，一未字。」凤禀母仪，皆有女德。孙三人：

明珠夫人墓志盖

珠夫人墓志底

傅哥、傅尔敦、傅森，俱成德出。夫人幼习国书，未谙汉字，其后留心学习，一览即能通晓，好读《通鉴》《女史》诸书，作字亦有楷」法。相国雅重文学，招延名儒以训其子，夫人则敕中厨，具丰膳，饼饵时果，馈饷不绝。以予之固陋，缪见采择，俾训二子。尝冬月□□，据几讲论经史，自」旦及日中，夫人帷堂而听之，甚喜，手调酪茗以赐焉。一日，次君揆叙出时人诗稿示予，中用郭隗事，隗字误作平声，予指其缪。揆叙爽然曰："昔我幼时」读《左传》，叔隗、季隗亦作平声，吾母闻之曰：汝误耶，此不当作平声，□则吾母之言良是矣。"其读书识字、通解训诂多此类也。平日皈心释氏，晨起必焚」香膜拜，诵梵经一卷。尝手书《金刚经》，字画精整，锓板流传，缁素皆奉为重宝。盖其上智宿慧种自多生非偶然也。予观周家之盛，其男子如周公、召公、」康叔、唐叔，皆以明德懿亲屏藩王室，而其女子亦多贤明专静之德，故其诗曰：曷不肃雍王姬之车。国人于其下嫁之时，知其能敬且和以执妇道，今」观夫人之德，其于诗人所称肃雍者，诚无愧焉。以观刘子政、范蔚宗诸人撰述列女诸传，所谓区明风烈昭我管彤者，岂有能与夫人比伦者哉。夫人」生于崇德二年丁丑七月，卒于康熙三十三年甲戌八月，年五十有八。相国衔哀茹戚，朝夕腹悲。将以本年十二月廿五日卜葬于双榆树之原，而属」余志其隧道之碑。予自惟官卑人微且黯浅无文，牢让不获，复念馆于相国府第者，前后数载，猥蒙恩礼，知夫人内行为详，因撰次其大略如左。铭曰：」于铄」皇家，璇枝分布，庆远流长。贤王女士，龙种凰仪，并为祯祥。作配巨公，鸾飞凤舞，和鸣锵锵。疏通大体，授经绛幔，参语东厢。令行阃内，肃如朝典，之纪之纲。」肩舆入」殿，位次沁水，恩亚金乡。贵而不骄，德合坤顺，协吉黄裳。既慈且义，笃生令子，如珪如璋。翟车命服，起居八座，兴庆首行。优游福履，平泉之墅，午桥之庄。上根」种智，精心内典，投体法王。齿不配德，奄忽谢世，晨露朝霜。郁郁佳城，安此窀穸，后嗣其昌。」

康熙三十三年岁次甲戌季冬十二月二十五日立 旌邑刘弘广镌」


唐孙华（1634—1723），字实君，别字东江，江苏太仓人。康熙二十七年（1688）进士，选陕西朝邑知县。会召试乾清宫称旨，授礼部主事，兼翰林院行走。后充浙江乡试副考官，因事落职。著有《东江诗钞》。

觉罗氏三女，长适温郡王延寿。延寿，一作延绥，温郡王猛峨（肃武亲王豪格第五子）二子。康熙十七年（1678），袭郡王。李天宝，即李天保，清初开国功臣李永芳孙，袭一等伯。一女未嫁。

## （三）纳兰成德墓志

### 1. 原石简介

志石长 76 厘米，宽 76 厘米，厚 14 厘米。志文 38 行，满行 61 字，正书。盖文 4 行，满行 5 字，篆书。首题"皇清通议大夫、一等侍卫、佐领纳兰君墓志铭"。志底于 1972—1973 年间在海淀区上庄乡上庄村出土，现藏于北京石刻艺术博物馆——志底出土后，即被当作台阶石使用，因文字面朝上，遭踩踏多年，字迹磨损严重，志文已极难辨认；志盖发现于 1983 年，现藏于北京市海淀区上庄乡纳兰成德纪念馆。

### 2. 录文及校注

20 世纪 70 年代，纳兰成德墓志一经发现，文物工作者随即对其进行拓印、录文。现存纳兰成德墓志拓片共两份，分别收藏于北京石刻艺术博物馆与北京市文物局图书资料中心。

现存纳兰成德墓志录文共两版，分别为北京石刻艺术博物馆韩锐先生录文及北京市文物局赵讯先生《纳兰成德家族墓志通考》一书中录文。本次录文依据北京石刻艺术博物馆藏纳兰成德墓志拓片识读，缺失内容参考韩锐先生、赵讯先生录文进行校正。

现今可见徐乾学作纳兰成德墓志铭共有三种记载版本，分别为《通志堂集》卷十九记载文本（简称通本）、国家图书馆藏手抄本《纳兰氏墓志铭》记载录文（简称抄本）、徐乾学《憺园文集》卷三十一中文本（简称憺本）。《通志堂集》是由徐乾学整理、刊刻的纳兰成德诗文集。徐乾学在书序中写道："余里居杜门，检其诗词古文遗稿、太傅公所手授者及友人秦对岩、顾梁汾所藏，并《经解》小序，合而梓之，以存梗概，为《通志堂集》。碑志哀挽之作附于卷后。"徐乾学记录此版墓志铭署年为"重光协洽之岁"。重光协洽，即康熙三十年（1691）。国家图书馆藏手抄本《纳兰氏墓志铭》录文源于国家图书馆（古籍馆）藏手抄《纳兰氏墓志铭》一书，是据石刻碑文抄录而来。此本记载了官氏父亲的官职、姓名，并明确记录纳兰成德三个儿子的

纳兰成德墓志盖

兰成德墓志底（北京市文物局综合事务中心提供）

名字，弥足珍贵。《憺园文集》是由徐树毂（徐乾学之子）编集的徐乾学文集。据说"集初成，乾学即殁，丧中以数十部赠人，或有言其非者，秘不肯出，故流传不广"。不过，我们目前所见的《憺园文集》并非徐树毂编辑原本，而是光绪九年（1883）昆山知县金吴澜根据徐本的一个修改本刻印的重刊本。本次纳兰成德墓志铭校注以以上三种版本作为参照。

清【1】通议大夫、一等侍卫、佐领【2】纳兰君墓志铭｜
内阁学士兼礼部侍郎、教习庶吉士昆山徐乾学撰文｜
经筵讲官、都察院左都御史泽州陈廷敬篆盖｜
日讲官、起居注、翰林院侍读学士钱塘高士奇书丹【3】｜
呜呼！始容若之丧，而余哭之恸也。今其弃余也数月矣，余每一念至，未尝不悲来填膺也。呜呼！岂直师友之情乎哉！余阅世将老矣，从吾【4】游者亦众矣，如容若｜之天姿之纯粹，识见之高明，学问之淹通，才力之强敏【5】，殆未有过之者也。天不假之年，余固抱丧子之痛；而闻其丧者，识与不识，皆哀而出涕也。又何以得此｜于人哉？太傅公失其爱子，至今每退朝，望子舍必哭，哭已，皇皇焉如冀其复者，亦岂寻常父子之情也。至尊每为太傅劝节哀，太傅愈【6】益悲不自胜。余间｜过相慰，则执余手而泣曰："惟君知我子，惠邀君言，以掩诸幽，使我子虽死犹生也。余奚忍以不文为辞！"顾余之知容若，自壬子秋榜后始，迄今十三四年耳。后｜容若入侍中，禁庭【7】严密，其言论梗概，有非外臣所得而知者。太傅属痛悼，未能殚述，则是余之所得而言者，其于容若之生平，又不过什之二三而已。呜呼！｜是重可悲也！容若，姓纳兰氏，初名成德，后避宫嫌名，改曰性德。年十七，补诸生，贡入太学。余弟立斋为祭酒，深器重之，谓余曰："司马公贤子，非常人也。"明｜年，举顺天乡试，余忝主司，宴于京兆府，借诸举人青袍拜堂下，举止闲雅。越三日，谒余邸舍，谈经史源委及文体正变，老师宿儒有所不及。明年，会试中式，将｜

【1】 通本、憺本于"通议大夫"上无字，抄本作"皇清"二字。

【2】 通本、憺本将"佐领"作"进士"。根据墓志铭中记载，纳兰成德于康熙十五年（1676）殿试二甲赐进士。

【3】 通本于"墓志铭"下、"呜呼"上作"徐乾学"；憺本无字，猜想由于《憺园文集》为徐乾学本人诗文集，因而无署名；抄本仅作"内阁学士兼礼部侍郎教习庶吉士昆山徐乾学撰文"，其余删除。

【4】 通本作"我"。

【5】 憺本于"天姿"下、"强敏"上，将四个"之"字删除。

【6】 憺本删去"愈"字。

【7】 通本、憺本作"廷"。

廷对，患寒疾，太傅曰："吾子年少，其少俟之。"于是，益肆力经济之学，熟读《通鉴》及古人文辞。三年而学大成。岁丙辰，应殿试，条对剀[1]切，书法遒逸，读卷执事｜各官咸叹异焉。[2]名在二甲，赐进士出身。闭门扫轨，萧然若寒素，客或诣者，辄避匿。拥书数千卷，弹琴咏诗，自娱悦而已。未几，太傅入秉钧，容若选授三等｜侍卫。出入扈从，服劳惟谨，上眷注异于他侍卫。久之，晋二等，寻晋一等。上之幸海子、沙河、西山[3]、汤泉，及畿辅、五台、口外、盛京、乌剌，及登东岱[4]、幸阙里、｜省江南，未尝不从。先后赐金牌、彩缎、上尊、御馔、袍帽、鞍马、弧矢、字帖、佩刀、香扇之属甚夥[5]。是岁万寿节，上亲书唐贾至《早朝》七言律赐之。月余｜，令赋《乾清门应制诗》、译御制《松赋》，皆称旨，于是，外廷[6]金言上知其有文武才，且迁擢矣[7]。呜呼！孰意其七日不汗，死耶。容若既得疾，｜上使中官、侍卫及御医日数辈络绎至第诊治。于是，上将出关避暑，命以疾增减报，日再三。疾亟，亲处方药赐之，未及进而没[8]。上为之震悼，中｜使赐奠，恤典有加焉。容若尝奉使觇梭龙诸羌，其殁后旬日，适诸羌输款，上于行在遣官祔其几筵哭而告之，以其尝有劳于是役也。于此，亦足以知｜上所以属任之者，非一日矣。呜呼！容若之当官任职，其事可得而纪者，止于是矣。余滋[9]以其孝友忠顺之性，殷勤固结，书所不能尽之言，言所不能传之｜意[10]，虽若可仿佛其一二，而终莫得[11]而悉也，为可惜也！容若性至孝，太傅常[12]偶恙，日[13]侍左右，衣不解带，颜色黝黑，及愈乃复初[14]。太傅及夫人加餐辄色喜，以告所[15]亲。友爱幼弟，弟或出，必遣近傔仆护之，反必往视，以为常。其在上前，

---

【1】　通本作"凯"。

【2】　憺本将"条对剀切……读卷执事各官咸叹异焉"删除。

【3】　通本于"西山"上作"及"字。

【4】　通本、憺本作"岳"。

【5】　通本作"伙"。

【6】　通本、憺本作"庭"。

【7】　通本、憺本于"且迁擢矣"上增加"非久"二字。

【8】　通本、憺本作"殁"。

【9】　憺本作"兹"。

【10】　憺本将"言所不能传之意"此句删除。

【11】　通本作"能"。

【12】　通本、憺本作"尝"。

【13】　憺本将"日"删除。

【14】　憺本将"初"删除。

【15】　憺本将"太傅及夫人加餐辄色喜，以告所亲"删除。

进反曲折有常度。性耐劳苦，严寒执热，直庐顿次，不敢乞休沐自逸[1]，类非绮襦」纨袴者所能堪也[2]。自幼聪敏，读书一再[3]过，即[4]不忘。善为诗，在童子[5]，已句出惊人，久之益工[6]，得开元、大历间丰格。[7]尤喜为[8]词，自唐五代以来诸名家词皆有选本」，以洪武韵改并联属，名《词韵正略》。[9]所著《侧帽集》，后更名《饮水集》者，皆词也。好观北宋之作，不喜南渡诸家，而清新秀隽，自然超逸，海内名为词者皆归之[10]。他论」著尚多[11]。其书法摹褚河南，临本禊帖，间出入于黄庭内景经。当入对殿廷，数千言立就，点画落纸，无一笔非古人者。荐绅以不得上第入词馆，为容若叹息，」及被恩命，引而置之珥貂之行[12]，而后知上之所以造就之者，别有在也。容若数岁即善骑射，自在环卫，益便习，发无不中。其扈跸时，毡帐内[13]雕弓书」卷错杂左右。日则校猎，夜必读书，书声与他人鼾声相和。间以意制器，多巧倕所不能。于书画评鉴最精。其料事屡中，不肯轻为人谋，谋必竭其肺腑。尝读赵」松雪自写照诗，有感，即绘小像，仿其衣冠。坐客或期许过当，弗应也。余谓之曰："尔何酷类王逸少！"容若心独喜。所论古时人物，尝言王茂宏[14]阑阓阑阓，心术难」间；娄师德唾面自干，大无廉耻。其识见多此类。[15]间尝与之言往圣昔贤修身立行及于民物之大端、前代兴亡理乱所在，未尝不慨然以思。读书至古今家国」之故，忧危明盛，持盈守谦，格人先正之遗戒，有动于中，未尝不形于[16]色也。呜呼！岂非大雅之所谓亦世克生者耶？而竟止于斯也。夫岂徒吾党之不幸哉！君

【1】　憺本将"不敢乞休沐自逸"中的"自逸"二字删除，抄本将此句作"不敢乞休浴自暇逸"。

【2】　憺本将"类非绮襦纨袴者所能堪也"删除。

【3】　憺本将"一再"二字删除。

【4】　憺本作"目"。

【5】　抄本在"童子"下增加"时"字。

【6】　通本作"上"。

【7】　憺本将"在童子已句出惊人，久之益工，得开元、大历间丰格"删除。

【8】　憺本将"尤喜为"作"尤工于"。

【9】　憺本将"以洪武韵改并联属名"删除，写作"撰《词韵正略》"。

【10】　憺本于"海内名为词者皆归之"下增加"尝请予所藏宋、元、明人经解抄本，捐资授梓，每集为之序"句。

【11】　抄本于"他论著尚多"下增加"生平所最究心者经解一书，嗣刻问世"句。

【12】　憺本作"列"。

【13】　通本、憺本将"毡帐内"删除。

【14】　通本、憺本作"弘"。

【15】　抄本将"所论古时人物，尝言王茂弘阑阓阑阓，心术难问；娄师德唾面自干，大无廉耻，其识见多此类"删除。

【16】　憺本作"诸"。

之」先世有叶赫之地，自明初内附中国，讳星悬达尔汉，君始祖也。六传至讳养汲弩[1]，君高祖考也。有子三人，第三子讳金台什[2]，君曾祖考也；女弟为太祖」高皇帝后，生太宗文皇帝。太祖高皇帝举大事，而叶赫为明外捍，数遣使谕，不听，因加兵克叶赫，金台什死焉。卒以旧恩，存其世祀。其次子即」今太傅公之考，讳倪迓韩，君祖考也。[3] 君，太傅之长子，母觉罗氏，一品夫人。渊源令绪，本崇积厚，发闻滋大，若不可圉。[4] 配卢氏，两广总督、兵部尚书、都察院右副」都御史兴祖之女，赠淑人，先君卒。继室官氏，光禄大夫、少保、一等公朴尔普女[5]，封淑人。男子子二[6]人：福哥、永寿。遗腹子一人。[7] 女子子一人。皆幼。君生于顺治十」一年十二月，卒于康熙二十四年五月己丑[8]，年三十有一。君所交游皆一时隽[9]异，于世所称落落难合者，若无锡严绳孙、顾贞观、秦松龄、秀水朱彝尊[10]，慈」溪姜宸英尤所契厚。吴江吴兆骞久徙绝塞，君闻其才[11]，力[12]赎而还之。坎坷失职之士走京师，生馆死殡，于赀财无所计惜。以故君之丧，哭之者皆出涕，为挽辞[13]」者数十百人，有生平未识面者[14]。其于余绸缪笃挚，数年之中，殆日以余之休戚为休戚也，故余之痛尤深。既为诗以哭之，应太傅之命，而又为之铭。[15]」铭曰：」天实生才，蕴崇胚胎。将象贤而奕世也，而靳与之年，谓之何哉！使功绪不显于旗常，德泽不究于黎庶，岂其有物焉为之灾？惟其

【1】 抄本将"养汲弩"作"仰嘉努"。

【2】 抄本将"第三子讳金台什"一句中的"第三子"删除，并作"讳金台师"。

【3】 抄本将"举大事而叶赫为明外捍，数遣使谕，不听，因加兵克叶赫，金台什死焉。卒以旧恩存其世祀。其次子即今太傅公之考，讳倪迓韩，君祖考也"删除，写作"初受命，于是叶赫国诸子皆仕皇朝。讳倪迓汉者，则太傅公之考而君之祖考也"。

【4】 憺本将"渊源令绪，本崇积厚，发闻滋大，若不可圉"删除。

【5】 通本、憺本将"光禄大夫少保一等公朴尔普女"写作"某官某之女"。

【6】 抄本作"三"。

【7】 通本、憺本将"永寿"写作"□"，并将"遗腹子一人"删除；抄本将"福哥、永寿。遗腹子一人"删除，写作"长富格，次富尔敦，次富森"。

【8】 憺本将"己丑"删除。

【9】 通本、憺本、抄本作"俊"。

【10】 通本、憺本、抄本在"秦松龄"下增加"宜兴陈维崧"，通本、憺本将"秀水朱彝尊"删除。

【11】 通本在"君闻其才"下增加"名"。

【12】 通本将"力"删除。

【13】 通本将"挽辞"作"哀挽之词"，憺本作"哀挽之辞"。

【14】 憺本在"有生平未识面者"上增加"多"字。

【15】 通本、憺本在"应太傅之命而又为之铭"下增加"其葬盖未有日也"。体现出最终镌刻在石碑上的文字内容是在徐乾学所著文稿基础上进行了增减而成。

所树立，亦足以不死矣，亦又」奚哀！[1]

## （四）纳腊卢氏墓志

### 1. 原石简介

小型卧碑，通高 112 厘米，志高 75 厘米，志长 95 厘米，属于碑志合一。正书存 31 行 640 字，海淀区皂甲屯出土。现藏于北京石刻艺术博物馆。

### 2. 录文

皇清纳腊室卢氏墓志铭」
赐进士出身、候补内阁中书舍人平湖叶舒崇撰」
夫人卢氏，奉天人，其先永平人也。毓瑞鳖闾，形胜桃花之岛，」溯源营室，家声孤竹之城。父兴祖，总督两广、兵部右侍郎、都」察院右副都御史。树节五羊、申威百粤，珠江波静，冠赐高蝉，」铜柱勋崇，门施行马。传唯礼义，城南韦杜之家；训有诗书，江」左潘杨之族。夫人生而婉娈，性本端庄，贞气天情，恭容礼典。」明珰珮月，即如淑女之章；晓镜临春，自有夫人之法。幼承母」训，娴彼七襄；长读父书，佐其四德。高门妙拣，首闻敬仲之占；」快婿难求，独坦右军之腹。年十八，归余同年生成德，姓纳腊」氏，字容若。乌衣门巷，百两迎归；龙藻文章，三星并咏。夫人职」首供甘，义均主邕，二南苹藻，无愧公宫；三日羹汤，便谙姑性。」人称克孝，郑袤之壶攸彰；敬必如宾，冀缺之型不坠。宜尔家」室，箴盥惟仪，瀚我衣裳，纮綖是务。洵无訾于中馈，自不忝于」大家。无何玉号麒麟，生由天上；因之调分凰凤，响绝人间。霜」露忽侵，年龄不永。非无仙酒，谁传延寿之杯；欲觅神香，竟乏」返魂之术。呜呼哀哉！康熙十六年五月三十日卒，春秋二十」有一。生一子海亮。容若身居华阀，达类前修，青眼难期，红尘」置合；夫人境非挽鹿，自契同心，遇辟游鱼，岂殊比目。抗情尘」表，则视有浮云；抚操闺中，则志存流水。于其没也，悼亡之吟」不少，知己之恨尤深。今以十七年七月二十八日葬于玉河」皂荚屯之祖茔。木有相思，似类杜原之兆；石曾作镜，何年华」表之归。睹云气而绯徊，怅神光之离合。呜呼哀哉！铭曰：」江名鸭绿，塞号卢龙。桃花春涨，榆叶秋丛。灵钟胜地，祥毓女」宗。高门冠冕，膴族鼎钟。羊城

---

【1】 通本、抄本在"亦又奚哀"上增加"而"。

腊卢氏墓志

达节，麟阁敉功。诞生令淑，秀外」惠中。华标彩蕣，茂映颖桐。曰嫔君子，天矫犹龙。纶扉闻礼，学」海耽躬。同心黾勉，有婉其容。柔性仰事，怡声外恭。移茵奉御，」执匜敬共。苹蘩精白，刀尺女红。鸳机支石，蚕月提笼。孝思不」匮，俭德可风。闺房知己，琴瑟嘉通。产同瑜珥，兆类罴熊。乃膺」沉痼，弥月告凶。翠屏昼冷，画翟晨空。凤箫声杳，鸾镜尘封。哀」旐路转，挽曲涂穷。荒原漠漠，雨峡蒙蒙。千秋黄壤，百世青松。

# （五）揆叙墓志

## 1. 原石简介

揆叙墓志志盖长 108 厘米，宽 108 厘米。盖文 10 行，满行 7 字，篆书。志文 74 行，满行 79 字，正书。1972 年海淀区上庄乡上庄村出土。现藏首都博物馆。

## 2. 录文

皇清诰授光禄大」夫、经筵讲官」、起居注、议政大」臣、都察院左都」御史兼翰林院」掌院学士、教」习庶吉士、管佐」领事加七级谥」文端揆公墓志」铭」

皇清诰授光禄大夫、经筵讲官、起居注、议政大臣、都察院左都御史兼翰林院掌院学士事、教习庶吉士、管佐领事加七级谥文端揆公墓志铭」

赐进士出身、光禄大夫、经筵讲官、文渊阁大学士兼礼部尚书加七级太仓年家眷弟王掞顿首拜撰」

赐进士出身、光禄大夫、经筵讲官、工部尚书加二级华亭年家眷弟王顼龄顿首拜书丹」

赐进士及第、光禄大夫、巡抚广西等处地方提督军务、兵部左侍郎兼都察院右副都御史加二级海宁年家眷弟陈元龙顿首拜篆盖」

康熙丁酉正月，左都御史文端公卒于位。」天子深加悯悼，宠锡叠加，朝野荣之。余忝公两世交，既卒哭，缅怀风规，淹忽春夏。今且葬有日矣。嗣子永寿以隧道之碑请余志而铭之。余维公之立朝□十余年，文章勋业，彪炳国史，海内之士，咸仰若泰」山、北斗矣。若夫自幼折节读书，与生平之阴行善事，谦谨廉洁，世或以门第禄位掩之。余则得之吾友翰林孙松坪致弥、查夏仲慎行、吏部唐实君孙华为最悉。盖诸君与公同砚席，久而益信，故能真」知而乐道。余得从诸君子之绪言而为之志且铭也。按：公姓纳兰氏，讳揆叙，字恺功，自号惟实居士。始祖星根达尔汉，据纳兰部，因氏焉；五传讳扬家务，为公高祖；讳金太石，为公曾祖；讳倪迓汉，公」之祖也。世为业黑国王。本朝」太祖高皇后为金太石女弟，曰嫔」太祖高皇帝，笃生」太宗文皇帝。入」本朝，国除。倪迓汉以佐领，累赠光禄大夫。夫人墨尔齐氏，累赠一品夫人。生子太子太师明公，公之考也。夫人觉罗氏，」诰封一品夫人，为」太祖高皇帝嫡孙女，英王正妃第五女，公之妣也。康熙甲寅生公，呱声甫达，识者知为非凡器，太师公与太夫人钟爱特甚。少长不好弄，日惟凝神端坐，静默若成人。四岁能以四声音韵教其侍立青衣。太」夫人奉佛，谨公之嬉戏，惟学膜拜诵佛号，夙根善慧，理或然与。年八岁，受业于吴江孝廉吴兆骞，读四子经书，一如夙习，既背诵，终身不忘。性喜涉猎诗古文。夏日雨后，师以“雨过青苔润”属对，公应声」曰“风归翠竹疏”。公母兄通议大夫容若先生，雅负文名，击节叹赏，自谓少时迥未逮。时容若与朱竹坨彝尊、姜西溟宸英、严耦渔绳孙、顾梁汾贞观时谯集于花间草堂，辄召公往，诸公咸以异才目之。」岁乙丑，公年十二岁，公兄容若先生殇，哭之甚哀。是年即授佐领，雅非公意，乃习举子业。不期年，为时艺已不啻老师宿儒。然公尤潜心于古人诗文之学，每如厕及枕间马上，手不释卷。时先受业于」夏仲，既又师实君。两君有作，公辄和之。因谓太师曰：“公既以勋阶服官，不必更事科举，盍令肆志古学，俾为一代名儒耶。”公遂得于经史之暇，纵读秦汉以下诸子百家，自定读书课程，为寒暖所不能。」实君赠诗有“砚冻晨窗雪，灯深夜帐檠”之句，盖实事云。戊辰，娶夫人耿氏，戚畹传芳，夙娴书史。于归后，公若得良友，朝夕商确，惟读书乐善，三十年如一日，世族大家实罕其比。公贮书最富，凡锓刻」无本者，辄令人钞录，大半皆手经丹椠。时」上渐知公名。太师奉使出，」上幸其别墅赏花钓鱼，迎送如成人。」上念公体弱，戒勿远送。君臣之际，早占恩遇之隆，而建树之必远且大也。癸酉，奉」旨扈从，自是而后六飞所向，时在属车豹尾间。公幼习骑射，櫜鞬珥笔，兼擅文武，」上深眷之。甲戌五月，升三等侍卫。秋七月，」召入乾清宫作应制诗一章、兴于诗全章，时文一篇，称」旨。明年，陞二等侍卫。遭母丧，哀毁几不欲生，遂日以尫羸。」上遣内侍视之，且谕太师曰：“尔子学问优长，人品极好，但质体甚弱，不必带伊出门。”频令太医调治，且下」温纶，俟养好扈从。公明于事君大义益感激自奋，克勤王事，不知有身。越明年丙子，奉」特旨，改擢翰林院侍读，时年二十有三。丁丑正月，充□日讲官起居注□，」上特加奖誉。戊寅冬，」命与大学士桐城张公英、尚书新城王公士禛、华亭王公鸿绪南书房行走。公身在讲幄，且入禁近，下直后，惟与松坪、夏仲读书道古，闭门却轨，不知其为密勿侍从也。己卯，扈从江南。」上谓从臣曰：“揆叙极是小心老成，居官甚好，学问文章满洲中第一。”大学士伊公桑阿奏曰：“满洲中难得此美才好学□□。”□公山奏曰：“上年盛京

皇清誥授光祿大夫經筵講官議政大臣掌翰林院事……加……級揆公墓誌銘

揆叙墓志盖

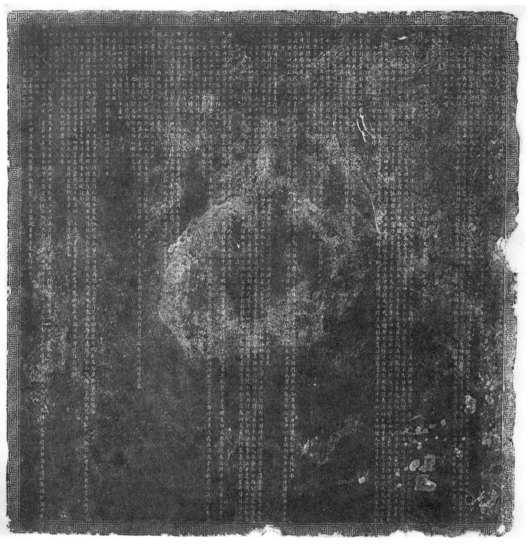

叙墓志底

六道谕祭文皆伊一手撰拟也。”庚辰，陞侍读学士。壬午三」月，」上命词臣作书。公即书其扈从诗八章、序文一首进呈。」上大嘉赏，谓：“诗文俱佳，字亦甚好。观伊学问比前更进矣。”十一月，又试宋高宗《不复雠论》，同试者相国孝感熊公以下凡数人。公草稿甫成，」上命内侍取阅，令速誊，勿易一字，谓：“议论、识鉴、词藻压倒诸人。朕昔知为满洲第一，今日汉人中亦推第一矣。”是年十二月，擢拜翰林院掌院学士兼礼部侍郎。入谢时，同朝啧啧叹赏，谓其官其文可及，其」年不可及。是时公年止二十九也。明年，教习庶吉士充经筵讲官。奉使朝鲜，宣上达下，得绥远之道。署大司空篆，厘剔有声。公在翰林，凡碑版大制作皆出公手，即他人草创，亦必经公改定始进呈。」与人交，谦和谨重，待前后辈，无不推心置腹。于教习后进，诱掖奖劝，尤谆谆戒勉，冀各修厥职，为词林光宠。戊子四月，拜少司空兼掌翰林院如故，右侍郎例管钱法。故事冶工日进样钱十贯，公却之，」积弊为除。四月，丁太师公艰，哀毁如丧太夫人时。庚寅，转本部左侍郎。壬辰，擢拜都察院左都御史兼掌翰林院如故。公以文学起家，洊掌清要，而公退焉、呐焉，若后门寒素，未尝稍有所增损。当公揔」命下，人谓公于文学有余，恐于政治或未习，不知公自幼读书，未尝以章句自命，凡历代典章得失及」本朝会典、律例讲求精熟，判决法司事，台班咸诧叹明允。凡同九列议经国大事，词组单辞，恰中机要，槐棘间每有□□□，□公一言以定，奏上辄执可。在台时，奏劾侵欺俸禄，奏缉结党匪类，皆其大者。其」他举劾一凭公论，略不徇一毫私心，」上亦深信公，无不俞允。公自贵分至九列，绝无矜骄之气，一生谦和，与物无忤而严重刚介，人自悚然敬之。苍生属望谓公□不久入政地。而公赋质素羸，勤劳王事，夙夜匪懈。故方在壮盛而病已不起。齿」不副德，天下惜之。公于昨岁扈从归，患嗽疾，两肋作楚。」上令休养别墅，御医内侍，络绎问视，赉赐频加。」上亲检医书《普门医品》，遣内侍赐示。」驾幸汤山及马兰峪，经别墅门，必遣中使看视。岁暮，」上知公病笃，着太医官刘声芳、栗裔炳与鄂尔斯新来医者噶喇芬公同加意商量胗□□。今年正月六日，家人以病面奏，」上遣内侍陈某、侍卫佛某、郎某、巴某四人护送还私第。初七日辰刻，薨于正寝。」上惋悼不已，仍令陈某等经理殡殓，又遣领侍卫内大臣公鄂、内大臣侯巴率诸侍卫临其丧，奠茶酒、」赐良马，命所属两佐领以下官俱缟素赴哭。」皇太后遣内侍总管并章京等赉赐茶酒饭，三日乃止。」上谕南书房翰林云：“掌院下世，再欲得如此一人，良不易得。尔等应往哭之。”至二十一日，」上遣内侍陈某、内侍首领王某、侍卫郎某、戴某四人至第。二十一日卯时发引，九王子、十王子、正黄旗领侍卫内大臣公海及本旗侍卫等，俱奉」旨送榇于昌平州之皂荚屯，停丧内舍，礼部以恤典奏请。」诏赐全葬，遣礼部左侍郎沙至停榇所」谕祭，谥曰文端。公自侍从跻中台，叼」上恩眷，赐予极多。前后蒙赐」御书匾额五、挑山八幅、对联六副、金扇五柄、墨刻法帖三册、」御纂书籍十二部、」御制龙宾墨四笏、内制砥石山绿砚六方、内造甲全副、内造文绮九端、内制大红玻璃鼻烟壶、内制火镰包、宫制荷包等物，皆可纪者。其余若珍味、药物，颁自」尚方，不能胪纪。生荣死哀，于斯而极。公天性孝友，太师公礼教严重，公问安视膳，视形听声，衣冠侍立，不命之退不敢退也。与兄通议公、弟和硕额驸挚谊敦笃。两公既殁，抚其孤皆若己出。于书无所不读，」内典、方术皆所留意，讲求筹算、笔算及西洋浑仪等法。晚复亲聆」上指授几何算法书，以故，测量躔度等习了如指掌。盖公资既高，又刻深研几，凡得一书，穷源竟委，必尽其蕴而后止。天假以年，发皇经术，黼黻」圣治未有涯涘也。未及下寿，溘焉赍志，良足悲夫。公所著诗文及编纂前人说部、诗集极富，奉命总裁各书，凡列公名者，无不亲加校阅厘定。己未春，」上以公为诗经专家，」命与大司农华亭王公编纂镌□，此书及半未竟。公生于康熙甲寅二月二十四日寅时，卒于丁酉正月初七日辰时，年四十四岁。娶耿氏，」诰封一品夫人，额驸悫敏公女，柔嘉公主所生也。嗣子永寿，官荫生，娶阿氏光禄含太公女。涓于今年冬十月望乙未，奉公葬于昌平州皂荚屯之」赐域，太师公之次穆位。余徇其请，以所闻于诸君者」为之志，且系以铭曰：」于维文端，少擅圭璋，绍闻衣德，五世其昌。佳诚郁郁，松楸苍苍，天潢懿亲，累叶重光。穹碑屹立，」□□乔煌，凭轼肃敬，文端之藏。

"上谓从臣曰：'揆叙极是小心老成，居官甚好，学问文章满洲中第一。'……十一月，又试宋高宗《不复雠论》，同试者相国孝感熊公以下凡数人。公草稿甫成，上命内侍取阅，令速誊，勿易一字，谓：'议论、识鉴、词藻压倒诸人。朕昔知为满洲第一，今日汉人中亦推第一矣。'是年十二月，擢拜翰林院掌院学士兼礼部侍郎。"可知揆叙学问。"讲求筹算、笔算及西洋浑仪等法。晚复亲聆上指授几何算法书，以故，测量躔度等习了如指掌。"可知揆叙在算学、天文学上的素养。"上以公为诗经专家，命与大司农华亭王公编纂。"又可知揆叙对《诗经》的深厚学养——大司农华亭王公，指江南松江府华亭县（今上海金山）人户部尚书王鸿绪。

"驾幸汤山及马兰峪，经别墅门，必遣中使看视。"则此别墅当为自怡园。

鄂尔斯，当指俄罗斯。私第，当指德胜门内揆叙宅邸。所属两佐领，指纳兰家族管理的正黄旗满洲第三参领第六佐领、第三参领第七佐领。

悫敏，指揆叙岳父耿聚忠。耿聚忠（1650—1687），靖南王耿继茂第三子、耿精忠三弟，汉军正黄旗人。顺治十三年（1656），耿继茂奏遣入侍，与兄耿昭忠留待京师，娶安郡王岳乐之女和硕柔嘉公主为妻，封和硕额驸，加太子少保，后进太子太保。卒，谥悫敏。

## （六）揆叙夫人耿氏墓志

### 1. 原石简介

耿氏墓志，长宽均为 110 厘米，厚 18 厘米。盖文 6 行，满行 5 字，篆书。志文 78 行，满行 81 字，正书。原石今存首都博物馆。

### 2. 录文

皇清诰封一」品夫人、揆」文端公元」配、永母耿」太夫人墓」志铭
皇清诰封一品夫人、揆文端公元配、永母耿太夫人墓志铭」
赐进士出身、光禄大夫、经筵讲官、文渊阁大学士兼礼部尚书加七级太仓王掞顿首拜撰」
赐进士出身、光禄大夫、经筵讲官、武英殿大学士兼工部尚书加二级华亭王顼龄顿首拜书丹」
赐进士及第、光禄大夫、经筵讲官、工部尚书加二级海宁陈元龙顿首拜篆盖」
康熙丁酉冬十月，总宪揆文端公葬于昌平州造甲屯。余既卒哭，而铭其隧。越明年己亥，亦以冬十月，铭其德配耿夫人之墓。噫，良可悲□！按二孤子手状：夫人姓耿氏，」柔嘉公主所生，驸马都尉悫敏公爱女也。生而聪慧，颖悟绝伦。幼稚时，端庄凝静若成人。少长读《内则》诸书，咸过目成诵。作字端楷，兼通国书，精于翻切，为专家所不逮。终日焚香观书，寒暑无间。家人咸礼」惮之。然心极慈和，御下以宽恕。奉佛持斋，无绮罗嗜好。少事」公主、都尉，以孝闻。相继薨逝，夫人与兄执丧尽礼，每以不逮养为憾，盖孺慕终其身也。年十一，春王正月，」上召夫人进大内纵观灯火。」上语及公主、都尉事，夫人历历奏对，悉称」旨。」妃嫔、贵人皆极怜爱，抚惜备至。是日，即拜」赐首

纳兰成德宗族北京碑刻文物史料

饰、文绮，此」圣恩下逮之始也。自此以后，」上笃念懿亲，且嘉夫人容止静慧，赏赍叠加，为留意择配。至年十八，于归文端公。时公之兄通议大夫容若公已捐馆，弟和硕额驸年尚少，奉事太师公止文端一人。夫人入子舍，事翁姑竭尽孝道。常曰："女子」于翁姑，一如父母。所以，事翁姑者，略不得当，则其所以事父母者可知。"以故，太师公暨太夫人之视夫人如爱女，朝斯夕斯，倚文端与夫人，不啻若左右手之不能顷刻离也。既遭太夫人与太师公丧，偕」文端公共执丧礼，无几微遗憾。既葬，岁时至封茔，瞻拜雪涕，辄留连不忍遽去。和硕额驸既尚主，相继早世，遗二孤子，即永寿、永福，皆在幼冲，夫人抚养教诲如所生。文端卒，」上命永寿为嗣子，明年，又令永福为文端子。二孤子先后执丧，极尽子职。文端无子而有子，夫人今日较文端不独有一子，而且有二子，即其食报。占其生平，甚矣！天道之不爽，而」圣恩之勿辜也。夫人既配文端公，相敬如宾。文端起家侍从，洊登宪长，」天子倚为股肱臣，且掌翰院，兼清要第一。退朝之暇，手一编咿唔不休，虽老师宿儒，咸逊其绩学砥行。夫人贵为一品命妇，谈经说诗，与文端若同研生。或劝以豁一事吟咏，夫人曰："读书所以明大义，作诗非」女子事也。"文端公一生清介，而荫藉高华，家富丁众，夫人寂坐内室，皆烛照计数，了如指掌。家众持筹抱牍，纵横不可究诘，夫人发一语，辄中款的，虽千里百里传命，奉行罔敢欺隐。文端公不问家人生」产，而入室井然，部署任使，无不得当，皆夫人经理之才，宜家不啻治国云。」上尝两幸文端别墅，看新篁竟日，留连尽欢。夫人夙设经营，无或阙，内侍无不啧啧叹为贤能。夫人生于主家，嫔于相府，贵显已极。身御浣濯，衣食不罗列，更体贴下隐，无不周详尽致。迄今三十年来，平津之」客，东阁之宾以及门生故吏，九流缁素，下逮臧获辈，无不颂扬淑德懿范，不可再得。易箦之顷，无不哭之失声。雅好阴行善事，尝语侍婢，人为善事，何必使人知。必欲人知，直以行善为沽名，吾生平所不」取也。早晚勤视文端之饮食，寒燠必躬必亲，必诚必敬。文端素羸弱，延名医曲加调护。岁丙申，偕文端在热河，渐病，夫人心甚忧惶，寝食为废。归京师，文端犹力疾供职，夫人吁天请代。至丁酉首春七日，」文端竟以不起。夫人哀毁几灭性。」上再三慰，令自爱，以抚孤、丧葬为重。自」皇太后以下，皆遣吊唁赐赗，勉以饮食。夫人始强起饮勺水，经理后事，布衣椎髻，啜粥经年，日以益瘠，毕葬事，立宗枋，嗣子既成立，而夫人病已入膏肓矣。」上知夫人过哀毁，时遣使慰谕，赍予便蕃，又以永福亦为文端嗣子，且许尚」主，下嫁有日，所以安夫人者，异数极隆。何期夫人迫遂其同穴之愿，而竟溘焉逝哉。夫人一生得」上眷最优，凡进见时，」皇上以下皆以"格格"呼之。与」皇妃同坐，饮食言笑，修家人礼。凡金珥簪珥、纨丝锦绮，出自上方者，赐无虚日，」御书、匾对、

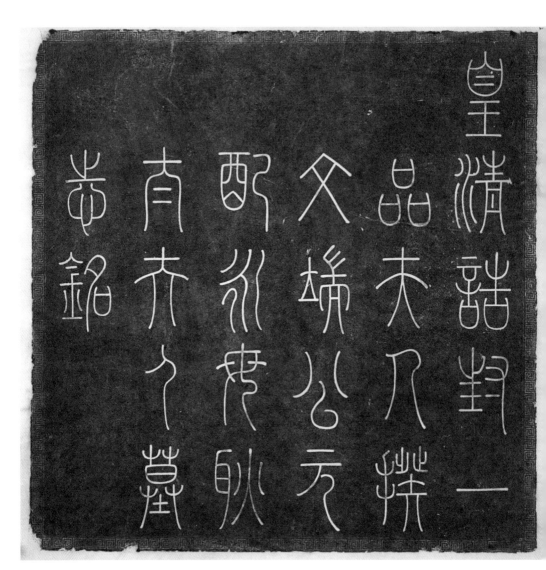

揆叙夫人耿氏墓志盖

叙夫人耿氏墓志底

挑山、金扇，所得独多。文端扈从热河，夫人必偕往。」上召游山庄，同」公主、王妃泛舟登览，所谓三十六景者皆一一得到。」柔嘉公主乳媪李尝随侍入内，」上顾曰："若公主乳媪，今随格格耶。"因语及曩时，欷嘘久之，遂」赐李白金二锭。此尤逾于寻常赏赉，举朝所不易得也。岁壬辰，在热河，奉」旨日进常馔一二，夫人另立庖厨，洒扫精洁，日必躬亲检视以进。如是者，八年如一日。尝曰："吾少不及养父母，嫁不能终事公姑。"今上吾君亦吾父，奉事敢少阙节乎？"盖其天性忠孝，不以身为女子敢偷安以稍歉于中也。今年四月七日，奉」旨以皇九子第三格格下嫁永福，夫人遂率子入谢，」温纶缱绻。即下礼部、钦天监会同择吉，谨涓十月八日进礼，明年庚子二月三日成婚。自文端殁后，家人不见其有笑容，是日始见有欣喜色。平日常教二子移孝作忠。是日，召两子谕之曰："吾家世受」国恩，捐躯难报，汝父甫终，即」赐永寿以佐领世职。今永福又得继都尉，尚主」君恩。尔许何以报称。汝二人须仰体祖父与若父，凡事勤慎，为国出力，不可贪懒。"言已，泫然泣下，盖悲文端之不及见也。昨岁九月，」上自口外回銮，夫人于围门迎接。」上见夫人面瘦削，令原任常州守章文镗诊视医治。稍瘥。今年五月，旧病复作，七月，益剧。时，长子在口外，次子率家众请曰："夫人病日笃，请赴」行在，求医药。"夫人曰："嘻！竖子何不晓事，」上在热河，方那居康悦，以吾请医药，岂不仰累」圣怀。"日强起，经理次子进礼事，及期成礼，咸得大体。会」上至汤山，夫人遣奏体弱不能迎接。内侍陈传问，」上始知夫人病且亟，捉遣章文镗加意调治，翌日，又令西洋医安泰同章诊视。十八日，」上遣内侍陈来看。至十一月朔，夫人病危，两子遣人陈奏，」上遣内侍陈来问："格格，何一病至此，有何陈奏？"夫人伏枕涕零，口奏曰："臣妾受」皇上深恩，义兼」君父。臣夫在生，仰沐」天恩，无福去世，未曾报得。三年以来，」上待臣妾，较臣夫在日更加高厚，既赏二子送终，蒙」皇上又将孙女赏配臣妾次子永福，如此旷典，多是梦想所不到。指望娶到吾家，共事」君父，就如臣夫报畣」主恩。不料臣妾病日益重，蒙」皇上络绎遣问，臣妾如见」君父慈颜。臣妾之病自问不起，回念臣妾从小受」恩甚重，不敢想望求祭葬碑文，疾痛则呼，泪沾床笫，唯有诚谕二子尽心报」主，臣妾与臣夫九泉之下惭负高深，永永无穷。更臣妾有使女十人，太监杨植伏侍日久，听伊等从父母自去，或与臣妾守坟墓。又，前年曾挑家人三十二房，二十房已往造甲屯守臣夫坟墓，其胡然、王联奎、」安畬、彭寿、三小子、长岱十二房亦与臣妾守墓。内有安尚仁，自臣妾公姑老仆，诸事能办，次子婚娶俱托伊经理也。谨此口奏。"遂伏枕再叩，呜咽不能成声。是夜，遂一无所言，交初二子时，终于内寝。陈内」侍即为驰奏，」上甚为悼惜，云："朕见大臣诸女，无如此格格贤淑者。"遣内务府尚某、顺某来经理丧事，遣觉罗尼公、哲公、世袭迈公率领本旗侍卫奠酒。」又各皇妃遣内首领十人来奠酒。上谕皇九子云："尔亲家不在，尔应遣吊。"遂遣长史朱某、孙某来治丧事。初三日奉」旨："格格所奏遗言，悉依之行。二子家务，俱着安尚仁经理。"十一月庚辰长至，」上南郊礼成回宫，敕问："格格何日出殡、何日安葬？"内侍陈奏："以十一月二十四日出殡、十二月初四日安葬。"奉」旨即着内侍陈同各宫首领送殡。又」谕翰林院掌院徐元梦曰："格格在日，朕待之如公主，尔好生撰拟谕祭文。"命妇宠绥如夫人者，显荣之至。虽曰丰于福而啬于年，然观其临终了了，陈奏详明，一生忠孝，于兹可见。夫人其传矣。夫人生于康熙」辛亥年五月初一日亥时，卒于己亥年十一月初二日子时，享年四十有九，」诰封一品夫人。嗣子二：长永寿，官荫生，见任正黄旗佐领，娶阿氏，光禄含太公女；次永福，尚」皇九子主。二子尊夫人遗命，于今年十二月初四日附葬于昌平州所属之造甲屯文端揆公之墓。铭曰：」粤维夫人，主家贤媛。日嫔文端，实昌其门。天性忠孝，淑慧凤根。猗与懿嬺，诗礼克敦。事上接下，动止道存。灵輀出郭，人拭泪痕。宅兆安妥，永承」天恩。瞻望松楸，谡谡生温。遗荫百世，绳绳子孙。

永母，即永福、永寿兄弟之母，永福、永寿即文中"二孤子"。又知，耿氏有兄。

子舍，小房、偏室。一说，诸子所居的屋舍。指耿氏入居明珠园偏房，以侍候明珠夫妻。

便蕃，亦作"便烦""便繁"，频繁、屡次。《左传·襄公十一年》："乐只君子，福禄攸同，便蕃左右，亦是帅从。"杜预注："便蕃，数也。言远人相帅来服从，便蕃然在左右。"

由耿氏奏明："前年曾挑家人三十二房，二十房已往造甲屯守臣夫坟墓，其胡然、王联奎、安氽、彭寿、三小子、长岱十二房亦与臣妾守墓。"可知明珠家族墓园守卫情况大略，又可知皂荚屯村村民来源之一。

## 二、北寿地

北寿地位于纳兰家族墓向北偏西，现上庄镇卫生院西北，坐北朝南。曾有宝顶四座，居中靠背为主位，是揆方和觉罗淑慎郡主墓，昭位是永寿夫妇墓，穆位是永福夫妇墓，次昭位为宁秀墓。据传，揆方、郡主墓前曾有神道碑，后被损毁。20 世纪 80 年代，北寿地出土揆方、觉罗淑慎郡主、永寿三方墓志。

## （一）揆方墓志

### 1. 原石简介

揆方墓志原石一盒，保存完整，志文清晰，长宽各 87 厘米。盖刻篆书"皇清诰封和硕额驸纳兰揆公墓志铭"，志盖、志文周刻二龙戏珠纹饰，今存北京石刻艺术博物馆。

### 2. 录文

皇清诰封」和硕额驸」纳兰揆公」墓志铭
皇清诰封和硕额驸纳兰揆公墓志铭」
赐进士出身、翰林院侍讲学士双峰年羹尧撰文」
诰授奉政大夫、户部湖广司郎中、江西南安府知府海宁陈奕禧书丹」
赐进士出身、翰林院检讨加三级沾河阿金篆额」
公讳揆方，字正叔，今予告太师明公之第三子也。」孝慈高皇后于公为曾祖姑，而公与太师公又皆联姻」帝室，此其宠荣岂寻常之比而已哉。当太师公秉轴时，公方在弱龄，从塾师学。暨太师公致政家居，则」公之伯兄纳兰公已谢世矣，而公仲兄、今掌翰林院事恺功先生则又在」帝左右，凡」巡幸所至，皆命扈从，故不能常侍太师公侧，而长留膝下者，则公也。公今且死矣，此太师公之所以不」能已于悲也。余昔娶公兄纳兰公女，故公于余情好最笃。当余妻之亡，公哭之哀，而公之配郡主」则又于康熙四十五年十一月十五日弃世，距公之死不及两寒暑，呜呼悲哉。犹记公命余为郡」主作铭以藏诸幽，余辞之不获，不得已乃追述亡妻之言，补缀成之，以塞公请。日月几何，又承太」师公之命，执笔以铭公。然则人生之奄忽，而世事之不可把玩如此，岂不悲哉。公之孝友本于至」诚，遭太夫人丧，溢于情而制于礼，恺功于心，几至委顿，盖久而后复其常也。其事太师公，先意承｜志，无不曲中。夫子之语子夏曰"色难"，惟公能不愧为家庭之间，融融怡怡，花萼竹林曾无间。然伯｜兄既早逝，而仲兄勤于｜王事，公以为世受｜国恩，所借以报效者，唯兄一人，其敢忧烦以家累乎。而院长先生亦常语人曰："余久在外，所恃以慰吾｜亲者，以有吾弟耳。"呜呼！今则已矣，可胜悲哉。公为人沉静，寡言笑，然事无论巨细，众或聚讼纷纷｜，公徐发一言，皆折服无以易。太师公所谓："出语常当于心，又多有出于意外者，盖实录也。"公于书｜无所不读，乃对之如未尝有书者。家故多藏书，而搜罗购求，虽厚价收之，亦所不惜。得所未有，辄｜穷日夜、废寝食，句栉字比，钩棘锄芜，无余剩而后已。惟其笃志于此，故他所嗜好皆淡如，非苟以｜自异于世之纨绮者，而刮磨豪习，未尝以富贵骄人。与人交不为翕翕热，其所输心不背易之。家｜居恭谨，史所载万石，君家未足多者。公于余既有知己之雅，今之铭公虽太师公之命，实公之遗｜言也。然微公言余其能已于斯后哉。昔韩退之之铭马君，至有久不死之恨，而欧阳永叔之于黄｜梦升、江邻几诸人，皆不胜琴笛之感。乃余两年以来，于公与郡主之嘉言懿行，将大书特书，不一｜书而已。昔人所叹华屋山丘，良有以也。公生于康熙十九年四月二十四日，以康熙

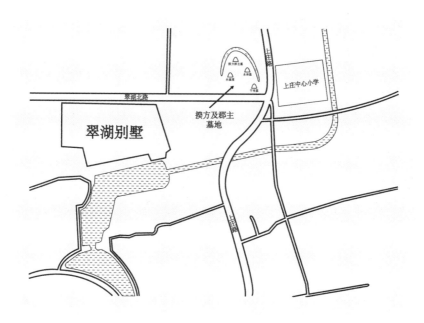

北寿地墓地示意图

揆方墓志盖拓片

方墓志底拓片

四十七年正月」十四日不起。高祖杨吉努，曾祖金台石，祖倪逐汉，太师公其父也。配郡主和硕康亲王之女，男子」二人，长安昭，次元普。公之没也」，上闻之恻然，且念太师公老矣，恐其过时而悲，」特谕速营窀穸，亦异数也。于是太师公将以四十七年正月二十五日卜葬公于皂角屯，乃先期命余为」之铭。公于太师，朝夕起居。平泉绿野，过从与俱。九原有知，其能忘诸。公于富贵，得之生初，不有其有，视」之若无。于所难能，行之坦如。呜呼公乎，美不胜书。掇斯数语，可知其余。」

年羹尧（1679—1726），字亮工，号双峰，汉军镶黄旗人。湖北巡抚遐龄次子，雍正帝嫔妃敦肃皇贵妃年氏兄。康熙三十九年（1700）进士，改庶吉士，后历任翰林院检讨、侍读学士、内阁学士，后放四川巡抚、四川总督，驱准保藏屡立战功。妹夫雍正帝即位后，封三等公，加太保，后以抚远大将军身份指挥平定罗卜藏丹津之乱，将青海地区完全纳入清朝版图，晋爵一等公。后因无礼，贬杭州将军，后夺爵，赐自尽。

年羹尧与揆方年龄相仿，娶纳兰成德女为妻。"当余妻之亡，公哭之哀，公之配郡主则又于康熙四十五年十一月十五日弃世，距公之死不及两寒暑，呜呼悲哉。犹记公命余为郡主作铭以藏诸幽，余辞之不获，不得已乃追述亡妻之言，补缀成之，以塞公请。"可知年羹尧之妻早亡，又可知揆方夫妇感情之佳，而年羹尧之了解觉罗氏情况系出于妻子的叙述。

## （二）揆方夫人觉罗氏墓志

### 1. 原石简介

觉罗淑慎墓志原石一盒，保存完整，志文清晰，长宽各 88 厘米。盖刻篆书"皇清册封郡主觉罗氏墓志铭"，志盖、志文周刻二龙戏珠纹饰，今存北京石刻艺术博物馆。

## 2. 录文

皇清册封」郡主觉」罗氏墓」志铭」
皇清册封郡主觉罗氏墓志铭」
翰林院侍读加三级双峰年羹尧撰文」
贵州石阡府知府海宁陈奕禧书丹」
经筵讲官、工部尚书加三级华亭王鸿绪篆盖」
郡主讳淑慎，字惠卿，和硕康亲王之第八女，相国明公之第三妇，」册封额驸揆方之妻也。郡主以」王室懿亲、奉」天子之命，下嫁于额驸。鹊巢鸠居，韩姞燕誉，金屋翠屏，玉钗宝压，有百倍于寻常万万者，」而郡主乃福厚数奇，奄忽不禄，此额驸之所以悲不自胜而欲有所述，以为国史家」乘之助焉。顾以」天家世宝，两姓赫奕，岂无有大手笔如范蔚宗、欧阳永叔其人者，扬芳撷藻，足以信今传」后。而荒陋如余，猥以其志为嘱，余不敢以不文辞者，盖亦有故云。斯子之诗之祝女」子也，曰无非无仪而易家人之六二，亦曰无攸遂，是则女妇之贤，殆以无所称道于」人者，为至而然有外人所不及知，而姻娅族党知之者；亦有姻娅族党所不及知而」诸姑伯姊知之者；且有诸姑伯姊所不及知，而幼小依倚其知之为独深者。盖额驸」乃余前妻之叔父也。当郡主之于归，余妻方在待字，而郡主与额驸以其孤弱幼而」怜惜之，故余妻之知之也为甚详。犹忆余妻曰，郡主生长绮纨而甘于俭素，曷浣曷」否，俨然有葛覃之风。其事舅姑也，以不得久事其姑为恨，故其于舅也，先意承志，唯」恐有弗当者，以至妯娌之间，皆曰吾兄弟也，逮于臧获之辈，皆曰是不啻吾父母也。」而况小星三五，无不愿君子之福履，而相安于命之不犹，又古人之所难者。若夫春」秋暇日，偶事吟咏，琴瑟在御，间一抚美，是则香闺之韵事而名媛之闲情也。此余妻」所尝云云，余因以耳熟也，故记之。昔永叔之志谢氏也，质之以其夫梅圣俞之言；而」余之志郡主也，即质之以余妻之言。则余之为斯文也，岂不信而有征哉。然而余之」执笔不禁泫然者，则以安仁奉倩，相怜同病，凄其旧雨，昔梦重温，盖余妻之墓，已有」宿草久矣！嗟乎，死生存没之不可知如此类者，又曷可胜道哉。此昌黎所以有观居」此世之叹也。郡主生于康熙二十年十月二十一日，卒于四十五年十一月十五日，」春秋二十有六。将于四十六年四月十二日葬于玉河皂角屯祖茔之西北。男子一」人安昭，女子一人早卒，如是为之铭曰：」猗嗟郡主，惟德之优。舅歡夫媚，声淑色柔。而况其余，倾歆无忧。金石可磨，斯铭长留。」旌德汪紫雯镌。

觉罗淑慎墓志盖拓片

罗淑慎墓志底拓片

# （三）永寿墓志

## 1. 原石简介

永寿墓志原石一盒，保存完整，志文清晰，长宽各 111 厘米。盖刻篆书"皇清诰授光禄大夫、议政大臣、散秩大臣、兵部左侍郎、正黄旗副都统、管佐领事加五级永公墓志铭"，志盖、志文周刻回字纹，今存首都博物馆。

## 2. 录文

皇清诰授光禄大」夫、议政大臣、散」秩大臣、兵部左」侍郎、正黄旗副」都统、管佐领事」加五级永公墓」志铭」

皇清诰授光禄大夫、议政大臣、散秩大臣、兵部左侍郎、正黄旗满洲副都统兼佐领事加五级永公墓志铭」

钦赐进士第、经筵讲官、太子太傅、文华殿大学士仍兼理户部尚书事务一等阿达哈哈番加七级年家世弟蒋廷锡顿首拜撰」

赐进士出身、光禄大夫、内廷供奉、经筵讲官、都察院掌院事、左都御史仍兼理吏部户部侍郎加二级年家眷世弟史贻直顿首拜书丹」

赐进士出身、光禄大夫、经筵日讲官、起居注、少保兼太子太保、保和殿大学士兼管吏部、户部尚书仍管翰林院掌院学士、世袭一等阿达哈哈番年家眷世弟张廷玉顿首拜篆盖」

岁辛亥之正月六日，光禄大夫左少司马永公以疾卒于位。越十有九日，厝公柩于昌平州皂荚屯祖茔之次，而属余为之铭。余惟先大夫与公伯父成公曩以癸丑同年相友善，余」癸未通籍，读中秘，时则公嗣父文端公为教习师，提携训诲，荷国士之知。及公之赞秩宗佐枢府也，复与余晨夕」禁闼，相欢爱如平生交。夫以世好之旧、夙契之雅，知公宜莫如余者，兹铭也，谊何敢辞？公讳永寿，字仁山，别号是观居士。始祖星根达尔汉，灭扈伦国，收其纳兰部而迁业赫河之滨，因」为纳兰氏。六传，至公高祖讳金台石，又传曾祖讳倪雅汉，世为业赫国王，后率所部归本朝，授佐领。我」孝慈高皇后，金台石公之女弟也，曰嫔」太祖高皇帝，笃生」太宗文皇帝。纳兰氏之兆祥有自来矣。倪雅汉公以佐领累」赠光禄大夫，夫人墨尔齐氏累」赠一品夫人，生相国、太子太师讳明珠，公之祖也。夫人觉罗氏，为」太祖高皇帝嫡孙女、」英王正妃之第五女，」诰封一品夫人。相国有子三：长，癸丑进士、一等侍卫讳成德；次，议政大臣、左都御史兼掌院学士文端公讳揆叙，即公嗣父，夫人耿氏，额驸恪敏公女，」柔嘉公主所生也，」诰封一品夫人；次，和硕额驸讳揆方，娶觉罗氏，和硕康亲王之第八女，」册封郡主，公本生父母也。文端公无子，」圣祖仁皇帝命以公为子。公生而颖异，七岁能作径尺书，挥洒奇特。九岁工诗，善属文，有神童之目。十岁精骑射，于经史百家之言靡不究览。性沉静，尝终日危坐不一言，及叩以古今事理，」皆应答如响。」圣祖仁皇帝特深器之，年十六即授佐领，越二年，擢头等侍卫，出入」禁廷小心恭顺，所奏对悉称」旨，赏赉珍玩不可胜纪。」今上御极之初，」特授散秩大臣。癸卯正月，」遣祭告医无闾山；四月，升授正黄旗满洲副都统，寻署理本旗都统印务。乙巳十二月，兼署镶红旗都统印务。丁未正月，擢礼部右侍郎；四月，转兵部右侍郎，未几进左，皆仍兼旧职，八月，」命充议政大臣。乙酉二月，兼署镶蓝旗汉军都统印务。公既迭膺」宠命，益奋身励节，惟勤惟慎，夙夜在公。其为都统，则威惠兼施，赏罚必信，用俾行阵和穆，军府肃清。在兵部则综理邦政，内外劼毖，与同列协恭共济。董率曹椽，事无留滞，而略不烦苛。」皇上知公之精白一心，克副委任，是以」眷注优渥，」恩赐」宸章、宝玩、服食、器皿之类，岁时相继，视同列有加焉。公体素清癯，自参帷幄，莞枢机，职重事繁，公仰感」知遇之隆，披沥精诚，悉心殚力，朝夕无少间，至以劳成疾，公隐忍弗言也。庚戌八月，疾始剧，」赐假静摄，」遣御医诊治，药饵食物皆给自内府。公无子，」上以公嫡弟讳永福之子嗣为子，而」命内务府大臣海、内侍臣张为经理其家务。既殁，奏」闻，」上深悼惜。翌日」遣世袭一等公诺、御前侍卫十人」赐奠茶酒，所得恤典如例。公性至孝，额驸、郡主相继即世，公时方髫龀，悲泣孺慕，执礼如成人。自嗣文端公后，与夫人关氏奉事太夫人，先意承志，曲得其欢心。太夫人尝顾而喜曰："此我」佳儿佳妇，皆蒙」圣恩赐也。"太夫人殁，哀毁骨立，丧葬咸尽礼。与弟永福公爱极笃，弟殁，抚其遗孤若己出。家席相国余荫，赀素丰，园林亭馆甲于都邑，顾公独喜俭约，自奉如寒素。」上尝赐公」御书金笺，曰："勤俭乃膏粱子弟之所难能。"公谨奉」训旨，益以清慎自持。夫人亦与公合志，治家具有条理，闺门之内，雍雍如也。生平好施予，办佐领事，常赡给孤寡。枢部司属有勤能而资力不足者，推俸余助之。他举行善事，动捐千百无」所惜。比得疾，召集三党，皆厚有赠遗，下至臧获，莫不给赏，盖仁心为质，惠泽周施。宜乎易簧之日，巷哭衢哀也。先是文端公贮书最富，至公益购奇访异，缥囊缃帙，汗牛充栋。公余之」暇，丹铅甲乙，披览不倦。又精于鉴古，每得三代及秦汉唐宋间法玩，必恭进」御览，不敢自私。尤潜心内典，暇则结跏趺坐，持诵弗辍，故去来之际，性觉空明，脱然无碍。惟以世受」国恩，未及仰报，嘱遗孤成立，竭力报效为谆谆云。公以雍正九年正月初六日殁，距其生康熙四十一年八月二十九日，享年三十。」诰授光禄大夫、议政大臣、散秩大臣、正黄旗满洲副都统、兵部左侍郎兼佐领加五

永寿墓志盖拓片

寿墓志底拓片

级。配关氏，正黄旗汉军副都统含太公女，」诰封一品夫人。嗣子一宁琇，幼未聘，女四，幼未字，俱嫡出。呜呼！公生于贵胄，甫壮年而遽逝，然内参谟略，外总韬钤，忠勤匪懈之忱，恪恭不渝之节，上孚于」圣主，而下信于同朝，书之史册，光耀无穷，公又何遗憾乎。铭曰：粤惟纳兰，世有疆土。既臣我」朝，奕叶圭组。思斋衍庆，肃雍垂型。荐启司马，表异髫龄。文工翰墨，武娴决拾。国器家桢，令名并集。始擢佐领，莅事精明。施备宿卫，益罄忠诚。乃陟总戎，载陪枢幄。筹划职方，指挥韬略。夙」夜匪懈，出入必钦。任重职繁，履薄临深。公尔忘私，遑恤其瘁。以慎以勤，心力交勋。」圣怀轸恻，」恩谕频宣。奄乘箕尾，天不假年。以死勤事，其又何咎。勒之贞珉，永垂不朽。」

通籍，进士初及第，新官通报名籍于朝廷。中秘，宫廷珍藏图书文物之所。

医无闾山，古称于微闾、无虑山，今简称闾山，位于辽宁省境内。舜时，分全国为十二州，每州封一山为一州镇山，即祭祖之地，封闾山为北方幽州镇山。周时，封闾山为五岳五镇之一。《周礼·职方》称："东北曰幽州，其山镇曰医无闾。"

劼毖，谨慎。《书·酒诰》："汝劼毖殷献臣，侯甸男卫。"《说文·力部》："劼，慎也。"

"文端公贮书最富，至公益购奇访异，缥囊细帙，汗牛充栋。公余之暇，丹铅甲乙，披览不倦。又精于鉴古，每得三代及秦汉唐宋间法玩，必恭进御览，不敢自私。尤潜心内典，暇则结跏趺坐，持诵弗辍，故去来之际，性觉空明，脱然无碍。"永寿之喜好、学养由此可见。

# 三、桑榆墅（双榆树）福哥墓园

## （一）桑榆墅（双榆树）简介

成德家族桑榆墅园林，一名双榆树，位于今中国人民大学一带。按照北京诸地以树木品种、数量命名的原则考量，概其地有两株大榆树，故名；《后汉书·冯异传》有"始虽垂翅回溪，终能奋翼黾池，可谓失之东隅，收之桑榆"的说法，以桑榆指代暮年，则桑榆墅固明珠建以养老所在，建造时间较早，成德与友人常来此处游乐——因皇帝后建畅春园，明珠复在畅春园西建自怡园。

双榆树的名称，最早见于清康熙年间记载。中华人民共和国成立后，双榆树被中国人民大学征用，后来，将双榆树东无名村落改名双榆村。

康熙三十三年（1694），成德之母觉罗氏卒。据皂甲屯出土的觉罗氏墓志铭，知道其于康熙三十三年（1694）十二月二十五日葬双榆树之原。明珠亡后，觉罗氏迁坟至皂甲屯，与明珠合葬。

据《雪屐寻碑录》载富格（即福哥）神道碑、诰封碑录文，可知成德长子福哥也葬于双榆树，如今两通碑已无存。

今中国人民大学校园内有石翁仲两件，石马、石羊各一件，传为纳兰家族墓前的石像生，当地老人回忆：

> 人民大学往南几百米马路西原是农田、墓地，有石牌坊一座，只剩一间，上面横额有四个字"彤管扬芬"。说不清是谁的墓，大致在 1945 年前后没有了，新中国成立后，人民大学占此地建校时，已是农田、菜地。[1]

彤管，即红色画笔，后用以指代女子文墨之事。《诗·邶风·静女》："静女其娈，贻我彤管。"《毛传》："古者，后夫人必有女史彤管

【1】 徐征等著：《纳兰性德丛话》，北京出版社 2000 年版。

人民大学校园内的石像生

纳兰成德宗族北京碑刻文物史料

人民大学校园内石像生示意图

之法，史不记过，其罪杀之。"郑玄《〈毛诗传〉笺》："彤管，笔赤管也。"按，成德生四女，王鸿绪《明珠墓志铭》载："长适翰林院侍讲高其倬，次适翰林院侍讲学士年羹尧，次适马喀纳，皆先卒，次未字。"最幼女长于诗歌，有《绣余诗稿》（一百二十首）。

揆叙曾选编唐至明代闺秀名媛诗，为《历朝闺雅》；并曾立意编订当代闺秀诗集。揆叙子永寿编订了揆叙的《益戒堂诗集》和姑母的《绣余诗稿》。《绣余诗稿》前有永寿序，称其姑"三星未赋，郁郁以埋香；二竖时侵，遂深深而葬玉"。三星，《诗·国风·唐风·绸缪》："绸缪束薪，三星在天。今夕何夕，见此良人？子兮子兮，如此良人何？绸缪束刍，三星在隅。今夕何夕，见此邂逅？"人以三星（心宿）有夫妇之像，"嫁娶者以为候"。二竖，用晋景公病重梦二小儿典故。也即永寿姑母未嫁因病而亡。[1] 复可知纳兰家族除明珠夫妇外，多身体不康，年少而亡。

桑榆墅后转变成明珠家族旁支墓园。按乾隆二年（1737）八月赵殿最作《富公神道碑文》，可知成德侧室颜氏一支（颜氏、富格、觉罗氏、裴氏、瞻岱、舒鲁穆禄氏、达洪阿）并永寿姑母等葬地在桑榆墅。

## （二）福哥神道碑、诰封碑录文

福哥神道碑录文[2]：

> 皇清诰赠光禄大夫、提督直隶总兵、官都督同知、管辖通省兵丁、节制各镇富公神道碑文」
> 赐进士出身、光禄大夫、经筵讲官、户部左侍郎加七级纪录二次年家眷侍生赵殿最顿首拜撰文」
> 钦取博学鸿词、户部河南司额外主事、前翰林院庶吉士年家世晚生陈士璠顿首拜书丹」
> 赐进士出身、翰林院庶吉士年家眷晚生周玉章顿首拜篆额」
> 惟公卜吉于海甸以南双榆树之阡。」
> 越三十有七年，恭遇今天子龙飞御极之元载，诰赠公光禄大夫、

---

【1】 黄一农：《二重奏：红学与清史的对话》，中华书局 2015 年版，第 259 页。

【2】 金毓黻主编：《辽海丛书（影印本）》（全五册），辽沈书社 1985 年版。

正红旗满洲副都统。明年，又晋赠光禄大夫、提督直隶总兵官、都督同知。龙章凤篆，焜耀泉垆，令子都督公既敬镌宠章于墓门，乃复衔哀致诚，而请曰："先大夫孝友仁恕，才器拔俗，方将策勋王家，而无禄早世。予小子生甫六月，以藐孤当大事，弗克记述梗概，乞当代名公卿一言，发潜德之幽光，中心负疚，何日忘之。今虽不获，尽述生平，常从诸父尊行，侧敬得一二，嘉言懿行，敢请揭而表诸道，庶垂不朽。"」

余维墓文之有补作也，昉诸古也。昔曹成王之子李道古观察鄂岳诸州，提其师以伐蔡，且行，泣请于昌黎韩愈曰："先王薨于今三十五年，吾昆弟在，而墓碑不刻无文，其实有待，子无用辞。"退之乃序而诗之；又欧阳文忠公四岁而孤，葬其皇考崇公于泷冈，后六十年，始克表于其阡，且自言曰："非敢缓也，盖有待也。"今都督公文章勋业，媲美古人，而幼孤克自树立，孝显其亲，尤与文忠事同一辙，固宜表厥，所自昭示来兹，矧余忝同朝之雅，慕公世德有素，何敢以不文辞。」

公讳富格，先世为金三十一姓之望族，始祖星垦达尔汉，灭扈国，收其纳兰部，而迁叶赫河之滨，因为纳兰氏。六传至公高祖，讳金台师，又传曾祖，讳倪雅汉，世为叶赫贝勒。后率所部归本朝，授爵功臣列，而编其所部为佐领。我孝慈高皇后，金台师之女弟也，作嫔太祖高皇帝，笃生太宗文皇帝，纳兰氏之兆祥有自来矣。倪雅汉公以佐领累赠金紫光禄大夫，夫人墨尔齐氏，累赠一品夫人。公祖相国、太子太师讳明珠，夫人觉罗氏，为太祖高皇帝嫡孙女、英王正妃之第五女，诰封一品夫人。相国有子三：长即公考，讳成德，后改性德，中康熙癸丑进士，通议大夫、一等侍卫，以孙贵，今诰赠光禄大夫、副都统，又晋赠光禄大夫、提督直隶总兵官、都督同知，学有师承，为海内宗仰，而入侍殿廷，出骖羽骑，一以敬慎，勤密自持。圣祖仁皇帝眷注方属，寻以疾卒。夫人卢氏、颜氏，并诰赠一品夫人。公为颜氏太夫人所出，生而颖异，笃好图史，至今积书岩中，牙签插架，缃帙整如。公虽下世已久，而手泽犹新，见之者犹深津逮之义。十岁，失所恃，持丧动中礼，则擗踊如成人。相国既伤侍卫公之早逝，而复虑公之孤露也，特爱怜之。公能曲体先志，以孙代子，居尝感深木风，虽悲不自胜，而勉强抑制，惟恐伤相国心。颜太夫人苦节持家，茹荼集蓼，赖前膝有此佳儿，差以自慰，然公愈自检束，色养弥谨，不敢恃爱稍有放佚也。友爱两幼弟，式好无闲，庭闱之内怡怡愉愉，未尝不晨夕砥砺，用能相与有成。次弟讳富尔敦，登进士第。公键户读礼，初未出干外事，而峥嵘头角、忠诚报国之忱，早已名动帝礼廷，未几，即选充近侍，趋走虔谨，悉禀侍卫公家法。使天假以年，其建树未知何如，不谓仅逾弱冠竟以一疾长逝也，讵不惜哉！虽然公往矣，公子都督公忠纯翼亮，为国柱石，行将上承相国休风，而继侍卫及公未竟之志，身后之荣正未有艾，又可于公卜之。公卒于康熙庚辰春正月，距其生年二十有六。夫人觉罗氏、裴氏，并诰赠一品夫人。子男一瞻岱，诰授光禄大夫、正红旗满洲副都统，又诰授光禄大夫、提督直隶官总兵、都督同知，管辖通省兵丁节制各镇。裴夫人出，娶舒鲁穆禄氏，诰封一品夫人。孙男一达洪阿，恩荫生，未聘；女孙二，长许字镶蓝旗满洲雍正癸丑科进士、翰林院编修鄂伦，次许字镶黄旗满洲生员哈赏阿。」

余既序其略，复为之铭曰：双榆郁郁，公之幽堂。紫诰下贲，维泉石光。其光孔多，天子之赐。子孝臣忠，宜膺不次。纳兰肇氏，叶赫河滨。绵绵先绪，既蹶而申。笃生太姒，比隆周室。爰及相君，丹心捧日。酝酿积累，大启诗书。名父之子，不与凡俱。十岁而孤，克孝克友。定省之余，卷不释手。□将宝光，上烛层霄。选侍禁近，绿绣珥貂。趋走维虔，一承家法。天假以年，勋名孰申。云何不吊，长往九京。生平懿矩，仆数难更。有子克家，王国桢干。仁卜为□，霖崇溥焕。既镌纶命，树以垂休。阡铭有待，夙夜勤求。方之古人，欧阳宗匠。榆树泷冈，后先相望。

乾隆二年岁次丁巳仲秋上澣谷旦立」

赵殿最（1668—1744），字奏公、奏功，号铁严，浙江杭州人。康熙四十二年（1703）进士，累官至工部尚书。陈士璠，字鲁章，号鲁斋、泉亭，浙江钱塘人，诸生。乾隆元年举博学鸿词，授庶吉士，改户部主事。典试四川。官瑞州知府。工诗，有《梦碧轩诗钞》《文钞》。周玉章，浙江杭州府仁和县人。乾隆二年（1737）进士，翰林院侍读，乾隆九年（1745）任山东乡试主考官。

富哥卒于康熙三十九年（1700）正月，年二十六，"夫人觉罗氏、裴氏，并诰赠一品夫人"，则瞻岱系妾裴氏生，故因瞻岱侍卫品级，嫡母、生母皆得"诰赠一品夫人"。瞻岱累官至正红旗满洲副都统、提督直隶官总兵、都督同知。清初总兵一般都兼都督同知、都督金事官衔。乾隆即位，覃恩天下，改明年为乾隆元年（1736）。富哥因瞻岱职位，"诰赠公光禄大夫、正红旗满洲副都统，明年，又晋赠光禄大夫、提督直隶总兵官、都督同知"。故瞻岱请人撰文。

福哥诰封碑录文[1]：

> 奉天承运皇帝制曰："国爵优崇，树鹰扬之伟烈；家声光大，表蛾术之良模。特布新纶，用彰旧德。尔富格，哈哈柱色，乃提督直隶总兵官、管辖通省兵丁、节制各镇瞻岱之父，清门代启，素履恭修。教子义方，早授豹韬之略；传家忠孝，果符鹊印之祥。庆典式逢，崇阶宜陟。兹以覃恩，赠尔为光禄大夫，锡之诰命。於戏！显扬克遂，休兹天室徽章；作述交辉，展也人伦盛事。令名无斁，世泽长垂。"」
> 制曰："元戎受任，既协吉于师贞；闺范贻芳，更推原夫母德。克光内则，载锡殊恩。尔提督直隶总兵官、管辖通省兵丁、节制各镇瞻岱之母觉罗氏，早习规型，夙娴图史。令仪不忒，表懿范於闺门；慈教有成，树鸿勋于幕府。式颁庆典，用阐徽音。兹以覃恩，赠尔为一品夫人。於戏！锡茂奖于兰陔，芳荄益播；被惠风于葱佩，馨泽弥新。祇服□诰，永扬休命。"」
> 制曰："名重所生，恒因子而并贵；恩隆自出，亦从嫡以分荣。文以情生，礼缘义起。尔提督直隶总兵官、管辖通省兵丁、节制各镇瞻岱之生母裴氏，式是嫔则，克有令仪。缔绤明勤，应归妹以娣之占；苹蘩将事，叶有齐季女之贤。惟我劾忠之臣，实尔克家之子。兹以覃恩，封尔为一品夫人。於戏！翟车焕采，用酬佐籑于当年；纶诰疏荣，俾获伸情于此日。愈怀淑慎，勉迪贤劳。"」
> 乾隆三年三月初六日」

## （三）福哥支系情况

据两通碑录文可知，福哥由成德侧室颜氏所出，26 岁亡故，葬于海淀以南双榆树。福哥葬海淀当因与其母颜氏系成德妾室，不得葬入祖坟，葬入双榆树有关。神道碑立于乾隆二年（1737），诰封碑立于乾隆三年（1738）。福哥正妻觉罗氏，侧室裴氏，生瞻岱，瞻岱娶妻舒鲁穆禄氏，生一子二女：子名达洪阿，尚未娶妻，长女结亲镶蓝旗翰林院编修鄂伦，次女结亲镶黄旗满洲生员哈赏阿。

---

【1】 金毓绂主编：《辽海丛书（影印本）》（全五册），辽沈书社 1985 年版。

# 四、纳兰宗族墓地石刻艺术

纳兰家族自明珠至福哥，历任高官，复财产丰厚，故营造家族墓园石刻等级既高，制造艺术更是代表一时石刻艺术水准。

刻石、墓碑、摩崖、墓志等雕刻文字需经撰文、书丹、勒石（石匠雕刻）三道工序。知识分子所长不同，且死者家族为了表示死者的身份、地位，撰文、书丹、篆盖往往请不同人完成。

书丹，指用朱砂直接将文字书写在碑石上。篆盖，古时墓志铭例用石相合，以一石为盖，题死者爵里姓名，习惯用篆书。

书丹、篆盖者往往书法上佳。因此，通过对书丹、篆盖书法的研究，可以了解死者家族的交游、书丹、篆盖者的书法艺术。纳兰家族为满洲大姓，历任高官，所交往者皆一时之选，因此，解读纳兰家族的墓志、志盖书法，可以了解清初书法艺术的水准与特点。

珠墓志盖

《明珠墓志铭》志盖撰写者为"赐进士及第、经筵讲官、内阁学士兼礼部侍郎德清门人蔡升元"。

蔡升元（1652—1722），字方麓，号征元，浙江德清人。康熙二十一年（1682）进士，初授翰林院修撰，累官至吏部尚书。有《使秦草》。

明珠墓志底

《明珠墓志铭》志底书丹者为"赐进士出身、日讲官、起居注、
詹事府少詹事兼翰林院侍讲学士加一级溧阳门人史夔"。
史夔（1661—1713），字胄司，号耕岩，江苏溧阳人，史鹤龄之
子，康熙二十一年（1682）进士，选庶吉士，授编修，累官詹事
府詹事。《溧阳县志》卷十三谓其"生平究心濂闽之学，躬行自
得，终身不见疾言遽色，为世儒宗"。性孝友，父殁，督诸弟勤
学，皆成进士。有子史贻直。

珠夫人墓志盖

《明珠夫人墓志铭》志盖书写者为"日讲官、起居注、翰林院侍读陈元龙"。

陈元龙（1652—1736），字广陵、清辅，号乾斋，浙江海宁人。康熙二十四年（1685）进士，累官至文渊阁大学士兼礼部尚书。工书法，有《爱日堂文集》。

明珠夫人墓志底

《明珠夫人墓志铭》志底系"兵部督捕右理事官胡会恩拜书"。
胡会恩，字孟纶，号苕山，浙江德清人。康熙十五年（1676）进
士，官至刑部尚书。工诗，有《清芬堂存稿》《赓扬集》。

兰成德墓志盖

《纳兰成德墓志铭》志盖为"经筵讲官、都察院左都御史泽州陈廷敬"书写。

陈廷敬（1638—1710），字子端、小舫，号说岩、午亭，山西泽州（今山西晋城）人。顺治十五年（1658）进士，馆选庶吉士，累官至左都御史、文渊阁大学士。有《参野诗选》《北镇集》等。

纳兰成德墓志底

《纳兰成德墓志铭》志底为"日讲官、起居注、翰林院侍读学士钱塘高士奇"书写。

高士奇（1645—1703），字澹人，号江村、竹窗，浙江余姚匡堰石人山（今浙江省宁波市慈溪市匡堰镇高家村）人，后入籍钱塘（今浙江杭州）。高士奇好学能文，工书法。因大学士明珠推荐，入内廷供奉。以书法、学问受知于康熙皇帝。累官至翰林院侍讲学士。有《金鳌退食笔记》《松亭行记》《扈从东巡日录》等。

腊卢氏墓志

《纳腊卢氏墓志》书写者系"赐进士出身、候补内阁中书舍人平
湖叶舒崇"。

叶舒崇（？—1679），字元礼，号宗山，江苏吴江人。康熙十五
年（1676）进士。官至内阁中书。诗文皆有名。举鸿博，未试卒。
有《宗山集》《谢斋词》。

揆叙墓志盖

《揆叙墓志铭》志盖由"赐进士及第、光禄大夫、巡抚广西等处地方提督军务、兵部左侍郎兼都察院右副都御史加二级海宁年家眷弟陈元龙"书。

叙墓志底

《揆叙墓志铭》志底由"赐进士出身、光禄大夫、经筵讲官、工部尚书加二级华亭年家眷弟王顼龄顿首拜书"。

王顼龄（1642—1725），字颛士、容士，号瑁湖，晚号松乔老人，江南华亭县张堰镇人，御史王广心长子，王鸿绪之兄。康熙十五年（1676）进士，初授太常寺博士，举博学鸿儒，授翰林院编修，累官至武英殿大学士兼工部尚书。有《世恩堂集》传世。

揆叙夫人耿氏墓志盖

《揆叙夫人耿氏墓志铭》志盖由"赐进士及第、光禄大夫、经筵
讲官、工部尚书加二级海宁陈元龙"书。

　　　　　　　　　　　　　纳兰成德宗族北京碑刻文物史料

叙夫人耿氏墓志底

《揆叙夫人耿氏墓志铭》志底由"赐进士出身、光禄大夫、经筵讲官、武英殿大学士兼工部尚书加二级华亭王顼龄"书。

揆方墓志盖拓片

　　《揆方墓志铭》志盖由"赐进士出身、翰林院检讨加三级沾河阿
金"书。
　　阿金，郭络罗氏，字云举，满洲镶白旗人，康熙三十年（1691）
进士，授检讨，曾为福建正主考。有《培风堂集》。沾河，又名
"沾别拉河"，黑龙江支流逊河支流，位于黑龙江省逊克县西部。

揆方墓志底拓片

《揆方墓志铭》志底由"诰授奉政大夫、户部湖广司郎中、江西南安府知府海宁陈奕禧"书。

陈奕禧（1648—1709），字六谦，又字子文，号香泉、葑叟。浙江海宁人。康熙三十九年（1700）任户部郎中，后破格召入南书房。后出任贵州石阡府知府，改江西安南知府。工诗善书，有《虞州集》《春霭堂集》《金石遗文录》等。

觉罗淑慎墓志盖拓片

《觉罗淑慎墓志铭》志盖由"经筵讲官、工部尚书加三级华亭王鸿绪"书。

王鸿绪（1645—1723），初名度心，字季友，号俨斋，别号横云山人。康熙十二年（1673）进士，官翰林院编修、侍讲，累官至户部尚书，因卷入皇太子废立风波，以原品休致。王鸿绪才学敏赡，以擅词翰盛名。诗宗杜甫，以藻绘胜。王鸿绪父王广心、其兄王顼龄、王九龄均入仕为官。

罗淑慎墓志底拓片

《觉罗淑慎墓志铭》志底由"贵州石阡府知府海宁陈奕禧"书。

永寿墓志盖拓片

《永寿墓志铭》志盖由"赐进士出身、光禄大夫、经筵日讲官、起居注、少保兼太子太保、保和殿大学士兼管吏部、户部尚书仍管翰林院掌院学士、世袭一等阿达哈哈番年家眷世弟张廷玉"书。张廷玉（1672—1755），字衡臣，号砚斋，安徽桐城人。大学士张英次子，康熙三十九年（1700）进士，初授庶吉士，累官至保和殿大学士兼任吏部尚书。有《澄怀园诗选》《载赓集》《澄怀园文存》等。

寿墓志底拓片

《永寿墓志铭》志底由"赐进士出身、光禄大夫、内廷供奉、经
筵讲官、都察院掌院事、左都御史仍兼理吏部户部侍郎加二级年
家眷世弟史贻直"书。

史贻直（1682—1763），字儆弦，号铁崖，江苏溧阳县人。康熙
三十九年（1700）进士，曾任侍读学士，累官至文渊阁大学士。

# 第五章

## 揆叙《益戒堂集》中的纳兰家宅、园林资料

成德诗词中多有明珠家族宅邸、园林、墓地的相关文字，多为学界所知；明珠家族园林多成德殁后建造，揆叙诗文中多有记载，且少为学界所知，今择部分，附录于此。

揆叙《益戒堂集》分为《益戒堂自订诗集》八卷、《益戒堂诗后集》八卷。

益戒，出《钦定书经传说汇纂》卷十六《无逸》引南宋蔡沈《书经集传》："逸者，人君之太戒，自古有国家者，未有不以勤而兴，以逸而废也。益戒舜曰：'罔游于逸，防淫于乐。'舜大圣也，益犹以是戒之，则时君世主其可忽哉。成王初政，周公惧其知逸而不知无逸也，故作是书以训之。"[1] 提醒自己不要放逸。

《益戒堂集》八卷前有徐倬序、康熙甲申春孙致弥序、康熙癸未冬揆叙序。康熙癸未，即康熙四十二年（1703）；康熙甲申，即康熙四十三年（1704），由揆叙自刊（谦牧堂藏版）。《益戒堂诗后集》八卷前有历廷仪、雍正甲辰年秋管淑宁序。雍正甲辰，即雍正二年（1724）。由揆叙子永寿刊刻。今各择十首，以见康熙晚期揆叙家族家宅、园林情况。

---

【1】《钦定书经传说汇纂》，二十一卷，首二卷，书序一卷。清王顼龄等奉敕撰，清雍正八年（1730）内府刻本。

# 一、《益戒堂自订诗集》八卷中的纳兰家宅、园林诗十首

## 卷一壬申

### 次韵，和东江《重过郊园》二首

吟鞭重指乐游原，径转桥回识小园。

久别愁多劳梦寐，相看喜极忘寒温。

腊醅[1]好试春灯[2]宴，鹊语先喧水磨村。

从此风光知不负，山桃岸柳渐遮门。

短亭犹记送君还，梅柳逢春几度攀。

诗课久抛须补和，除书[3]未下且偷闲。

好风渐绿池头草，残雪初消屋角山。

容易[4]三年重对酒，莫辞小户[5]劝开颜。

### 水畔

曲沼春来早，层冰渐渐消。

分光还匣镜，流响出溪桥。

怯冷鸟初浴，迎阳鱼欲跳。

岸旁千尺柳，影动嫩黄条。

### 早春，园居即事

封姨[6]作意碍清游，飒飒惊沙怒未休。

催堕好花谁解语？深埋新草岂忘忧。

水声春涨宜移棹，山色云藏不入楼。

一枕晓窗残梦断，角声吹处似高秋。

---

【1】 腊醅，腊月酿制的酒。清吴伟业《怀王奉常烟客》："犹喜梅花开绕屋，腊醅初熟草堂中。"

【2】 春灯，特指元宵花灯。唐王维《同杨员外十五夜游，有怀静者季》："由来月明如白日，共道春灯胜百花。"

【3】 除书，拜官授职的文书。唐韦应物《始治尚书郎别善福精舍》："除书忽到门，冠带便拘束。"

【4】 容易，容貌改变。

【5】 小户，酒量少的人。清李调元《卍斋琐录》卷三："人能饮、不能饮有大、小户之称……小户虽不入，并浇灌取尽。"

【6】 封姨，即风姨，神话传说中的司风之神。《北堂书钞》卷一四四引《太公金匮》："风伯名姨。"

#### 次韵，和杨芳公游园

好风迟日曲栏边，净洗烟氛雨后天。
拾翠未看车似水，踏青偏爱骑如船。
行逢舞蝶随衫袖，卧听流莺当管弦。
综说尘缘消未尽，也应情味比游仙。

## 癸酉

#### 岁杪，重过园亭

消夏忆乘凉，披衣步小堨[1]。
天光与水色，碎琐荡林樾。
节序逝不留，清荫乍消歇。
重来逼朔候，静听风发发。
西山挟残雪，矗立如搢笏[2]。
寒空无点尘，挂此一片月。
感时倍惘怅，抚景犹恍惚。
差胜坐严城，围炉烧榾柮[3]。

## 甲戌上

#### 积水潭，次惠元龙[4]韵六首

鸡头池上景曾谙，消夏扶筇过碧潭。
携得锦囊诗句好，始知诗老在溪南。

郊园卜筑近山隈，好友招寻破碧苔。
独惜查田[5]成远别，不携游屐共君来。

## 丙子

#### 园中憩斋新成

吾生于世味，随遇罕固必[6]。

---

【1】 堨，壁间的缝隙。

【2】 搢笏，插笏。古代君臣朝见时均执笏，用以记事备忘；不用时，插于腰带上。

【3】 榾柮，木柴块，树根疙瘩之类。用以烧火。前蜀贯休《深山逢老僧》诗之一："衲衣线粗心似月，自把短锄锄榾柮。"

【4】 惠元龙，指江苏吴县人惠周惕。惠周惕，字元龙，一字砚溪。康熙三十年（1691）进士。任密云县知县。少从父惠有声（明岁贡生）治经学，又受业于徐枋、汪琬，工诗文，后乃专心治经。其子士奇、孙栋均以经学著名。有《易传》《春秋问》《三礼问》《诗说》《砚溪先生遗稿》。

【5】 查田，即查慎行。查慎行（1650—1727），初名嗣琏，字夏重，号查田，后改名慎行，字悔余，号他山。康熙四十二年（1703）进士，授翰林院编修，供职于南书房。长于诗，有《敬业堂诗集》《查初白诗评十二种》。

【6】 固必，本指固执坚持，不可变通。后引申指一定、必然。《论语·子罕》："毋必，毋固。"

下值聊偃休【1】，所须在一室。
旧来瓜牛庐【2】，湫隘仅容膝。
虽无求安意，耳目苦逼窄。
昨者就隙地，别筮栋隆【3】吉。
鸠工亟经始，数日工已毕。
中堂高且明，旁室邃以密。
既足安寝兴，兼宜散书帙。
广庭平若砥，旁有芳草苗。
燕雀竞飞鸣，似觉喜气溢。
便令扫前除，布席设纸笔。
倏然诗兴生，坐令尘劳失。
谁知上苑旁，心期惬衡泌【4】。
自今非朝参，车马懒轻出。
坚坐读我书，庶几无弃日。

## 辛巳

园中探春【5】十月开花，以一枝分赠松坪及云冈，俱有诗，次韵奉和

冲寒偷放定何因？要遣严冬变令晨。
错为非时疑积雪，但逢开处便成春。
幽香岂称孤吟地，奇赏须邀解事人。
谬辱琼瑶双什好，故应不负此花身。

---

【1】 偃休，休息。宋欧阳修《画舫斋记》："凡偃休于吾斋者，又如偃休乎舟中。"

【2】 瓜牛庐，形似蜗牛壳的小圆舍。泛指简陋的居处。《三国志·魏志·胡昭传》"尺牍之迹，动见模楷焉。"南朝宋裴松之注："《魏略》云：'焦先及杨沛，并作瓜牛庐，止其中。'以为'瓜'当作'蜗'；蜗牛，螺虫之有角者也，俗或呼为黄犊。先等作圜舍，形如蜗牛蔽，故谓之蜗牛庐。"

【3】 栋隆，屋栋高大隆起。《易·大过》："象曰：栋隆之吉，不桡乎下也。"孔颖达疏："犹若所居屋栋隆起，下必不桡。"后用以比喻能担负重任。

【4】 衡泌，谓隐居之地。《诗·陈风·衡门》："衡门之下，可以栖迟，泌之洋洋，可以乐饥。"

【5】 探春，探春花，木犀科、探春花属植物，直立或攀援半常绿灌木，叶丛翠绿，花色金黄，花期5—9月。

## 二、《益戒堂诗后集》八卷中的纳兰家宅、园林诗十首

### 甲申

#### 春日园居杂诗

苑外遥峰雪尽消，二分春色到今朝。

池添鸭绿吹轻浪，柳放鹅黄上短条。

丸药窗前莺语细，踏花陌上马声骄。

紫宸下值浑无事，只爱寻诗过短桥。

### 辛卯

#### 予园池西偏小洲上结屋数椽，其地与水月尤宜。既成，漫赋长句，以落得四首

层轩面面俯清流，栋宇无多景转幽。

幔卷波光先泼眼[1]，帘开月影便当头。

抚松自晓恒侵夜[2]，看竹从春直到秋。

始识经营须得地，比年好景未全收。

平台初构室新成，雨坏风除未有名。

自要安心同慧可[3]，何妨容膝效渊明[4]。

长林听鸟移时立，小圃寻花尽日行。

一点尘埃无处著，临流底用濯长缨[5]。

赤墀青琐[6]漫深论，竹槛松扉寂不喧。

---

【1】 泼眼，耀眼、照眼。宋苏轼《送陈睦知潭州》："白鹿泉头山月出，寒光泼眼如流汞。"

【2】 侵夜，入夜、夜晚。前蜀韦庄《宿山家》："山行侵夜到，云窦一星灯。"

【3】 慧可（487—593），俗姓姬，名光，号神光，洛阳虎牢（今河南荥阳西北）人，汉传佛教禅宗二祖。少为儒生，博览群书，通达老庄易学。出家以后，精研三藏内典。年约四十岁时，在嵩洛（今河南嵩山—洛阳），遇天竺沙门菩提达摩，即礼为师，得达摩衣钵真传。《景德传灯录》卷三载："光曰：'我心未宁，乞师与安。'师曰：'将心来，与汝安！'曰：'觅心了不可得。'师：'我与汝安心竟。'"

【4】 渊明，即东晋著名田园诗人陶渊明。陶渊明（约365—427），名潜，字元亮，别号五柳先生，寻阳郡柴桑县（今江西九江）人，有《饮酒》《桃花源记》《归去来兮辞》《五柳先生传》等。陶渊明《归去来兮辞》："倚南窗以寄傲，审容膝之易安。"

【5】 濯缨，出自《楚辞·渔父》："沧浪之水清兮，可以濯吾缨；沧浪之水浊兮，可以濯吾足。"有与友人共勉之意。

【6】 青琐，出《汉书》卷九十八《元后列传》："曲阳侯根骄奢僭上，赤墀青琐。"颜师古注："孟康曰：'以青画户边镂中，天子之制也。'……青琐者，刻为连环文，而青涂之也。"后华贵的宅第、寺院等门窗亦用此种装饰。

俯仰未应谋白醉[1]，流观惟拟到黄昏。

烟迷别浦桥无路，水缩平沙岸有痕。

更向东窗玩周易，从他车马日敲门。[2]


曾烦妙手写真形[3]，柳畔栏杆渚旁亭[4]。

一径乍教增曲折，数椽须倩补丹青。

间移棹影鸥知避，静谱棋声鹤解听。

只恐风尘催襆被，披图多愧草堂灵。

## 甲午

### 舟中见西山积雪

退直更阑[5]得暂闲，浓云如缬[6]覆溪湾。

听残一夜蓬窗雨，起视天西雪满山。

### 有贻余盆梅者，玩赏之余，命植其根于庭际[7]。弹指五载。今春花忽盛开，清芬袭人，诗以志喜，时为甲午二月

不教开谢瓦盆中，作意栽培仰化工。

长历三冬禁积雪，最先百卉领春风。

霜飞陇坂[8]音书远，月落浮山梦寐空。

何似琼姿在庭户，巡檐日日嗅芳丛。

### 腊梅四株亦盆盎中物也，花后，余弗忍，植于怡园，其二株与梅同时著花，亦可喜也，并赋诗以记之

也随绿萼占韶光，同谱同时掩众芳。（黄山谷[9]腊梅诗"与梅同谱又同时"）。

压麝疑归高士宅（林和靖[10]梅花诗"阵阵寒香压麝脐"），涂黄欲倩汉宫妆。

---

【1】 白醉，浮白酒醉。晋葛洪《抱朴子·疾谬》："于是，腊鼓垂，无赖之子白醉耳热之后结党合群，游不择类。"

【2】 诗末句自注："苏诗'遥知读易东窗下，车马敲门定不应'。"

【3】 写真形，盖指画自怡园园景图。

【4】 柳畔栏杆渚旁亭，指池西偏小洲上栽植柳树，柳树里面有栏杆，栏杆内是亭子。

【5】 更阑，指更深夜残。唐方干《元日》："晨鸡两遍报更阑，刁斗无声晓露干。"

【6】 缬，有花纹的纺织品。

【7】 庭际，院子、厅堂。姚合《县中秋宿》："露垂庭际草，萤照竹间禽。"

【8】 陇坂，即陇阪，山坡、高坡。

【9】 黄山谷，北宋著名诗人、书法家黄庭坚。

【10】 林和靖，北宋隐逸诗人林逋。

春云薄映舒檀晕[1]，夜月初临误蜜房[2]。
但使不生分别想，小园一样是幽香。

### 西厓少宰[3] 枉驾园中，赏荷赋诗见寄，次韵奉答六首

裂帛湖东尽日游，香风吹过鹭鸶洲。
今年六月多隆暑，特向金塘作早秋。

重台并蒂久移栽，每唱骊歌[4]辄未开。
一片锦云凉似水，主人不到客还来。

---

【1】 檀晕，形容浅赭色。与妇女眉旁的晕色相似，故称。宋苏轼《次韵杨公济奉议梅花》之
　　九："鲛绡剪碎玉簪轻，檀晕妆成雪月明。"
【2】 蜜房，蜜蜂的巢。汉班固《终南山赋》："碧玉挺其阿，蜜房溜其巅。"
【3】 西厓少宰，指吏部侍郎汤右曾。汤右曾（1656—1722），字西厓，仁和（今杭州）人。康
　　熙二十七年（1688）进士，官吏部侍郎。工诗善画，有《怀清堂集》。
【4】 骊歌，指告别的歌（离别时唱的歌）。《骊驹》："骊驹在门，仆夫具存；骊驹在路，仆夫整驾。"

# 第六章　纳兰宗族文物口述史料

　　通过对纳兰宗族文物目见者的访谈，梳理纳兰成德宗族遗迹、文物的变迁，对比不同信息，了解纳兰宗族遗迹、文物的详细情况，为纳兰成德宗族遗迹的保护、规划、开发奠定坚实的基础，是本次课题研究的一大尝试。

　　2019 年课题进行时，课题组即制订纳兰宗族历史遗迹、遗存、文物来源口述史采录计划，邀请原海淀区上庄镇永泰庄村书记王德盛、原北京上庄纳兰成德史迹陈列馆馆长赵宝军、北京市文物局古建筑专家吴梦麟三位见证纳兰成德宗族遗迹发掘实况的当事人，了解他们对纳兰成德宗族遗迹、遗存的了解。

# 一、纳兰家族遗址之现状——王德盛访谈

王德盛书记

| | |
|---|---|
| 录音时间： | 2019 年 7 月 18 日 |
| 采访者： | 石奕、郭豹、贾瑞宏、李迪 |
| 采访地点： | 北京市海淀区上庄地区纳兰家庙、墓地遗址 |
| 整理： | 史迪威 |
| 被采访者简介： | 王德盛，原海淀区上庄镇永泰庄村书记、纳兰文化研<br>究中心副理事长 |

## （一）纳兰家庙之东岳庙的基本格局

采访者：王书记，您好！我们是北京石刻艺术博物馆"纳兰成德家族在京史迹调查与研究"课题组，今天访问您，想了解上庄地区纳兰家庙、墓地现存遗址的基本情况。首先，听说这里原有纳兰纪念馆，那么，这个馆现在的情况如何？

王德盛：纳兰纪念馆最早在我们村东，原馆长经营不下去，转给别人了。我回来以后，就在村里又重新成立了纳兰纪念馆，然后把原馆长调到这儿来了。

采访者：王书记，东岳庙目前是什么状况？

王德盛：上庄东岳庙的布局和朝阳门的东岳庙是基本一样的，正门这里是直通院内的，相当于是一个御路。当时，从这个正门进来以后就不用再下来，后来他们走着不方便，就给拆了。路两边的石头给挪下去了，这个柱础挪到了旁边，基本上过去的路就稍微宽了一点。那边还有一个门，因为后来要建马棚，就把这门给拆了。左边那个楼，那是钟楼，另外一个就是 261 医院的水塔，建水塔的时候，就把鼓楼拆了。原来有一块碑，应该是 20 世纪 60 年代末给拉走了。

采访者：您给我们介绍一下东岳庙的历史资料吧。原来 261 医院的病房全都在这里吗？

王德盛：这里就是 261 医院的前身，原来所有的医生、护士、病床，包括手术台等一些设备，都在这三个庙里面。现在换名字了，不叫 261 医院了。因为 261 医院的历史是比较出名的，它被军委称为"艰苦奋斗 261"。我从资料里查出东岳庙原来的很多历史。我当书记的时候，从村里老人那里了解到这个村的很多历史，他们说这地方（大殿后方）传说是海眼，永远填不平。我估计它应该是泉眼，原来北京的水资源是很丰富的，我小的时候遍地都是水，出庙就可以抓鱼了，不像现在北京缺水。

采访者：261 医院大概是什么时候撤出的？

王德盛：它现在还属于 261 医院，但是这里有十多年没住人了。住着人的时候不好弄，后来我看他们也不用了，就开始推进东岳庙的保护。之前他们搬走了许多东西，2016 年，我回来以后，马上就雇了 20 多个保安，将整个庙封了。

采访者："东岳庙是纳兰家族的家庙"这个说法是怎么来的？

王德盛：据说，明珠去世以后，曾经在这里摆过牌位，把自己搁在挺边上（后罩房左侧房间）。而且，上庄这地方是明珠家进京以后的封地，在他的封地里有这么一个家庙这也是正常的。

采访者：围墙是原来的吗？旧有建筑里还可以看到一些历史信息吗？

王德盛：对，围墙是老的，但是又重修过一下。过去它是那种白灰打的墙，底下还埋着一些石灰卡子，有一天要恢复东岳庙的时候，还有据可依。在这个房里咱们可以看一下整个建筑的细节和彩绘，彩绘也很有特色。待会儿，咱们上大戏台看一看，非常大。

采访者：建筑内部后边的门也通着吗？

王德盛：对，它整个连通到这儿。这个房子里面有七十二司。它是两个跨院，这一部分算东路，这里是两个四合院。实际上，它没有这个墙、这个门，框架中间的门是空的，人可以从最前头进来。尽头的是药王庙。你看那个老房现在没事，它这个（重修过的房子）就不行了，新瓦就塌了，还是那时候搞建筑的实在。这边房子就变成民居式了，这是住持住的地方。房子的高度就是我们过去村里的房子高度，都不是特别高，现在都提高了，起码三米吧。他们之前维修了将近 10 年，我就在旁边看他们维修。北京的好东西太多了，有故宫、长城这些，虽然这个地方没有重要领导来看，但是它的价值也很高，现在属于区级保护单位，这就是我们要推进东岳庙保护这件事的意义。

## （二）南寿地地理位置变迁

采访者：纳兰家族南寿地的位置我们现在还能去看一下吗？南寿地墓前还立有墓碑吗？

王德盛：可以看，我带你们去，但现在已经建房子了。纳兰家族就埋在这地方，待会儿，咱们上纳兰纪念馆，可以看一下，它就是在那个墙外（上庄地区某民居）的位置。我们想在这里留一个标志，但因为这里是市场，就没有立成。我们一直在等待修这个（市场前）上坡路，修完路，我想是不是能争取一下。以前它是一个老车站，是上庄村以前的一个老道，从村东斜插过来，这个（现在的道路）是新中国成立以后新修的。墓地的河从我们村东往南流，然后，从这里往西流，最终汇入上庄水库。南寿地，我一直没看到有碑。

访王德盛书记

## 二、纳兰家族墓地之演变——赵宝军访谈

| | |
|---|---|
| 录音时间： | 2019 年 7 月 18 日 |
| 采访者： | 石奕、贾瑞宏、李迪 |
| 采访地点： | 北京市海淀区上庄赵宝军先生家中 |
| 口述整理： | 霍睿赜 |
| 被采访人介绍： | 赵宝军，海淀区纳兰文化研究中心理事、原北京上庄纳兰成德史迹陈列馆馆长 |

赵宝军

采访者：老师，您好。我们是北京石刻艺术博物馆的。2015 年，我馆做了一个大的改陈，纳兰家族的碑刻，包括卢氏、性德、觉罗淑慎的墓志都在展线上展出。正因这些碑刻的展览，我馆承担了北京市文物局审批、立项的"纳兰成德家族在京史迹调查与研究课题"。这个课题离不开咱们上庄这块宝地，毕竟它有太多纳兰成德家族当时留下的遗迹和历史讯息。希望通过您，了解纳兰家族墓地的历史及文物的辗转历程。

赵宝军：好的，我先做个自我介绍吧。我姓赵，赵宝军，家是上庄本地人。中华人民共和国成立前，去了河北。1962 年，支援农业，我就随家人从外地回来了。回来时，我已经上小学六年级了。所以，原来什么样，我还都有印象。

采访者：20 世纪 60 年代，还是原貌？

赵宝军：还没有变化呢，后来，我又得了一张 1957 年的上庄附近地形图，所以，基本上没什么变化。

采访者：当时，那个墓葬大概是什么情况，您还有印象吗？

赵宝军：我来的时候，我只能说到 1962 年。1962 年的时候，那个墓葬还非常好呢。它分两块墓地，南边这块叫南寿地，北边这块叫北寿地。南寿地最南边是纳兰成德的墓地，中间是他爷爷尼雅汉夫妇的合葬墓。到了 20 世纪 70 年

代，"文化大革命"的时候没人管了，就开始拆纳兰家族的墓地。

采访者：那就是说 20 世纪 70 年代左右拆的？

赵宝军：1973 年左右。

采访者：这些墓被盗过吗？

赵宝军：盗过了，在 1931 年的时候。

采访者：您的印象中宝顶有几座？

赵宝军：南寿地五个，中间一个是尼雅汉的。尼雅汉左边最上面的是明珠的，右边是明珠的哥哥郑库，也是衣冠冢。郑库下首就是纳兰成德的，明珠下边是揆叙的。纳兰成德的宝顶在这几个里边是最普通的一个，比较简单，因为埋他的时候明珠刚当大学士。

采访者：宝顶上面是三合土的，边框是什么样的？

赵宝军：纳兰成德这个边框没有，平常的白石头圹子，那几个全都是雕花刻凤的那种。

采访者：大概多高？

赵宝军：不小，十三四寸，也就是一米多，一米五左右。

采访者：一共是九个，是吧？一边五个，一边四个。

赵宝军：到后来，我们研究，一共九个，这也符合历史记载。因为他们家坟地被盗以后，他的后人叶连德，跟我们村的地主打官司的时候，写的状上就是他们家有九个坟。

采访者：神道碑呢？

赵宝军：神道碑还在前面，五六十米都不止，得百十来米。前面有一个供桌，有一个享堂，跟个大殿似的。

采访者：享堂是石头的，还是？是不是每个坟前都有？

赵宝军：石头刻的。只有祖坟前有这么一个享堂。

采访者：您再说说神道碑。

赵宝军：两个神道碑，一个是纳兰成德的。等到"文革"时期就没了，让人拉走了。研究了以后，才知道，其中有一块碑是揆叙的。两块碑，一个是纳兰成德的，另一个是揆叙的。揆叙拥戴八王，雍正上台以后，报复他，把整个碑全给磨平了，重新刻字。

采访者：以前有神道碑吧？

赵宝军：以前都有，后来，被北京大理石厂拿走当石材给用了。明珠那个谕祭碑、诰封碑，那两碑传说是袁世凯拉走了。

采访者：应该是四通碑，两通神道碑、一个谕祭、一个诰封。

赵宝军：有四个。咱们知道的有四个。但是，传说北边揆方的还有一个碑。那个碑座还好，1962年的时候，那碑被炸了。

采访者：1962年就已经炸了吗？

赵宝军：对，炸了。在那个年代，生产队门口弄过来大石头什么的都是墓里的。

采访者：墓地占地大概有多大？

赵宝军：这边是南寿地，北寿地在卫生院那边。坟地占地面积不大。

采访者：所以说，是不是后来就埋不下了？就埋到双榆树了？

赵宝军：双榆树是另一回事。纳兰成德结婚以后一年，他妻子就去世。妻子去世，不能仓促埋了。当时，又没有墓地。那年，明珠要升迁了——那时候，他就已经是兵部尚书了，就是已经官很大了；纳兰成德刚考入前10名，她没地方埋。卢氏是成德的正式夫人，不能仓促办理，就一直搁在紫竹院，一年多，才下葬。最后，纳兰成德去世以后，他俩再合葬到一起。

采访者：明珠的夫人觉罗氏呢？

赵宝军：双榆树原来是纳兰成德的那个小别墅，有个小红楼。觉罗氏可能就是葬在那个地方。暂时先埋在那儿，等康熙四十七年（1708）明珠去世，再把她拉回来，两人一块埋在这儿，（双榆树）那块坟地也就留下来了。到康熙三十九年（1700），纳兰成德的长子富格死，就埋在（双榆树）那个坟地了。富格不能埋（上庄）这块地，

采访赵宝军先生

他不是嫡系，他是成德的侧室颜氏生的。

采访者：南、北寿地当时的院墙还有吗？

赵宝军：没有了。"文化大革命"后期搞了一次平土地，农业学
大寨，面目全非，什么也没有了。

采访者：您记得当时他的园子里还有柏树这类的吗？

赵宝军：没有了，南寿地的树没有了，北寿地原有两棵龙爪槐，
上庄地区所有的龙爪槐都是那两棵龙爪槐的后代。

采访者：也没有石人、石兽什么的吧？

赵宝军：没有，原本有石人、石兽，都是那时候被袁世凯拉走了。

# 三、纳兰家族墓志之辗转——吴梦麟访谈

录音时间： 2019 年 12 月 26 日

采访者： 石奕、张云燕、李迪、史迪威

采访地点： 北京市西城区吴梦麟老师家中

口述整理： 李迪

吴梦麟

被采访人介绍： 吴梦麟，古建筑专家、辽金元史专家、石刻考古专家，北京石刻艺术博物馆研究员。1961 年，毕业于北京大学历史系考古专业，之后，一直在北京市文物系统从事文物考古保护与研究工作

采访者：北京石刻艺术博物馆 2019 年承担的"纳兰成德家族在京史迹调查与研究课题"，我们已经完成了纳兰成德家族在京时期涉及的墓葬、寺庙、府邸、园林等部分；但是，关于这些墓志，包括它的来源、历经流转的过程，我们还都不太清楚，您能不能把石刻馆藏有关纳兰家族墓志的情况，或者不在咱馆，但您了解的相关文物的情况，跟我们说说？

吴梦麟：我觉得这个题目咱们建得比较晚，所以，有些人就没有机会可以访问了，比如，于杰先生、赵迅先生，他们都作古了。相关的情况，我也知道一点儿，但不是太多。当时，我们还是在现在的文物研究所上班，考古组派于杰到上庄去调查纳兰成德墓志的情况，时间大概是 20 世纪 70 年代末或 80 年代初。因为我是 1984 年去的文物局，所以肯定是 1984 年以前。后来，于杰去了，当时觉得上庄非常远，我们那会儿也没车，好像他是坐公共汽车去的。我还记得他回来以后，在考古组说，墓志磨损得很厉害。

采访者：您刚才说于杰老师他当时去上庄调查过，他当时看到有

哪一些墓志，还是碑刻？

吴梦麟：他就是去看纳兰成德的。

采访者：就是成德的墓志是他接的，其他没有是吧？所以，肯定是容若跟其他的墓当时保存的情况不一样。

吴梦麟：他可能也没看见墓。

采访者：成德墓志应该是起出来比较早。

吴梦麟：于杰说，墓志后来当作台阶，给磨损了。

吴梦麟：纳兰成德的墓志被发现得早一点，明珠、揆叙的较晚。印象中，明珠的墓志比别的墓志都要大。我还记得，明珠的墓志运回来后，都堆在琉璃阁八角亭后头的墙边。当然，大家知道明珠太重要了，后来，赵迅先生专门研究这个，我们就没有参与。但是，知道纳兰家族的墓葬给破坏了，有些东西就拿来了。

采访者：陪葬品一点信息也没有吗？

吴梦麟：一点陪葬品都没有，是怎么挖来的都不知道。

吴梦麟：所以，咱们是不是能得这么一个结论，就是说纳兰成德的墓志曾经由文物干部去调查过，那时已经出土了。但是，曾经去调查的人现在都已经不在了，因此，并不知道当时它墓葬的情况，只是推测墓志应该比较早就发现了，而且被当成台阶，且磨损较为严重，并没有发现志盖。

采访者：志盖不是在黄兆桐先生的纳兰纪念馆里吗？

吴梦麟：咱们做过一次展览，是我负责的，我去拓的成德的墓志盖。

采访者：拓片的时候找的谁？

吴梦麟：黄兆桐。

吴梦麟：复制这个（盖），是石刻馆第二展厅设置陈列展览的时候去找的黄兆桐。作为交换，咱们给他拓一张咱们的志底，他给咱们一个志盖。

采访者：但是，这东西为什么能留在他那儿，没有一起都运回到文研所去呢？

吴梦麟：可能是当时运纳兰家族这批墓志时，没找到志盖吧。

吴梦麟：但是，我是从黄先生那儿弄的这志盖的拓片。人家海淀区让成立纳兰成德的陈列馆这么一个机构。所以，我认为，咱们能不能这么分析，纳兰的墓可能被盗了，盗得早，所以，它的墓志出土的时间比较早，后来，明珠和揆方、揆叙这些可能都晚一点。这可能是"文革"时期，要不然怎么能来的文物工作队？但是，于杰先生去这个（纳兰成德墓地），那还是在考古组，我们还都没搬到文物管理处。有这么个界限，文物局是1978年年底批准的，1979年成立的。成立了以后，我们就算文物局的了。"文革"时期，文物工作队、首都博物馆、古书文物清理小组成立，变成了文物管理处。但是，墓志或者出土文物不会搁到孔庙。所以，我说看见明珠墓志什么，都是在文物工作队。

采访者：志盖是上庄赵宝军先生后捡的，他说他是后来发现的志盖。赵宝军是我们在上庄采访的老先生，他就是那个村里的老人，当过北京上庄纳兰成德史迹陈列馆的馆长。这次我们还做了一个他的采访。

吴梦麟：那人家也算一个方面。

采访者：毕竟他这个回忆不管是不是客观，也是他印象当中的。

吴梦麟：但是墓志盖在人家那儿。

采访者：对，他就捐到博物馆去啦。

吴梦麟：那不叫博物馆，叫陈列馆。纳兰成德陈列馆。

采访者：那陈列馆里面除了这个墓志盖，还有没有其他东西？

吴梦麟：好多东西，人家有展室。

采访者：那还有什么墓地里的东西吗？除了这盖以外，还有其他东西吗？

吴梦麟：没有，就图表、展板。后来，我去那陈列馆的时候，还养着孔雀，靠养孔雀来养活这个陈列馆。

采访者：您哪年去的？

吴梦麟：就是为了咱们那个展览去的。

采访者：2002 年咱们开的这个陈列对吧？您做的中厅，那应该是 2002 年之前？您是 20 世纪 90 年代末去陈列馆跟他换的墓志拓片，还是 2000 年前后？

吴梦麟：没那么晚。

采访者：那您说我要查纳兰的志盖拓片的话，会不会有记录什么时候拓的？咱们入藏，应该会有一些信息吧？[1]

吴梦麟：当时不会就拓一张。因为要做一个仿制的墓志盖，拿木头做一个底，把拓片裱在上头。另外，我们还参观了人家那个陈列室。看人家里头怎么个表现。但是，当时没有这意识，说要照下那些陈列的情况。另外，他陈列的东西是不是都跟纳兰有关，怎么征集的，就不知道了。我现在不知道这个墓志是破坏后拉回来的，还是后来有目的地挖出来的？因为我在考古组，所以，我觉得不会是有目的地挖出来的。

采访者：据赵宝军先生的口述，没有来得及挖，就已经都毁完了。说原来上庄墓地还有碑。

吴梦麟：什么碑？

采访者：谕祭碑和诰封碑，国图有拓片。但是，据说碑被四季青大理石厂给拉走了。

采访者：像纳兰的那个墓，我听赵宝军先生说，村里边要盖一仓库，他们没钱，也没有料，然后，就把那墓给挖了，拿它的材料盖仓库去了。

吴梦麟：你想景泰皇帝的陵都有人把那宝顶给打开，里头当白菜窖。那是景泰陵，他们都敢动，纳兰家族墓是村里头一个的大墓，你这材料咱们还用得上，自然就挖了。石刻

---

[1] 据查，纳兰成德墓志盖拓片于 1999 年入藏我馆。

采访吴梦麟先生

馆做第二展厅展览时，这些庙都去考察过，比如，部队
医院的庙，还记得有个井台，井台是个高台，墙上还有
个小龛，都是黄先生领着给介绍的。

采访者：您说那个高台，应该是真武庙，33级高台阶上去，当
地也管那叫高庙，整个后殿是一个一开间的汉白玉雕的
石殿？

吴梦麟：这个可能我去的时候已经拆了。后来，我又去调查，是
因为出《石刻卷》（《北京文物精粹大系·石刻卷》）和
《基督教史迹》（《北京地区基督教史迹研究》）。

采访者：您又去调查，那是什么时候？

吴梦麟：2000年左右，因为我在电视里看见周贻白的儿子在讲
中国戏曲绘画。我一看人家介绍上庄戏台，就过去调查
了，也是简单的调查，把它照下来了。我后来还跟文物

局建议，要保护好这个，再后来，为了编写《基督教史迹》去照的。书出来了以后，我又去了好多趟。原来，戏台还有些彩绘，现在也看不清楚了。

采访者：您那时候去的时候照的那些照片，书上有吗？还是说您手头还有当年照的那些照片？当年照的照片还能找到吗？我们再对比一下。

吴梦麟：《基督教史迹》上有。

采访者：2000 年左右，距离今天又过了一段时间。我们也可以再做一下对比，看看它的变化。吴老师，非常感谢今天您给我们介绍纳兰家族墓志的辗转经历。通过您的讲述，让我们对纳兰家族有了更多的了解。再次感谢您！

# 附录

## 纳兰成德家族简谱

**万历十一年（1583）**

明朝总兵李成梁剿灭叶赫清佳努、杨吉努兄弟。清佳努子布寨、杨吉努子纳林布禄继任贝勒。

**万历十六年（1588）**

九月，杨吉努女、纳林布禄妹孟古哲哲（十四岁）嫁努尔哈赤。

**万历二十年（1592）**

十月二十五日，孟古哲哲（十八岁）生皇太极——金台石子倪迓汉生于本年前后。

**万历二十一年（1593）**

九月，叶赫部首领布寨、纳林布禄纠集女真九部，攻击努尔哈赤。杨吉努子纳林布禄战死黑济格城，布寨战死古勒山（今辽宁省新宾县西北古楼一带）。布寨之子布扬古嗣为贝勒，与叔叔金台石（纳林布禄弟）分居叶赫西、东二城（在今吉林省四平市梨树县叶赫满族镇附近）。金台石即明珠祖父、孟古哲哲兄。

**万历三十一年（1603）**

九月二十七日，孟古哲哲（二十九岁）病亡，皇太极十二岁。

## 万历三十七年（1609）

本年，皇太极长子豪格生——倪迓汉长子郑库概生于此年前后。

## 天命元年（1616）

皇太极（二十五岁）封和硕贝勒，位列"四大贝勒"（代善、阿敏、莽古尔泰、皇太极）第四。

## 天命四年（1619）

努尔哈赤亡叶赫部，明珠祖父金台石战败而死，金台石二子倪迓汉被俘，后授三等副将，世袭佐领之职——本年前后，倪迓汉长子郑库结婚。

## 天命十一年（1626）

努尔哈赤薨，皇太极（三十五岁）继承汗位，改年号为"天聪"。

## 天聪九年（1635）

十月十日，倪迓汉第三子明珠生——倪迓汉二、四子皆早亡。

## 崇德二年（1637）

七月，阿济格第五女觉罗氏生。

## 崇德四年（1639）

明珠五岁，其母墨尔齐氏病亡。

## 顺治元年（1644）

明珠十岁，纳兰家族从龙入关，居镶黄旗营地（北京德胜门内积水潭地方）。

## 顺治二年（1645）

明珠十一岁，倪迓汉病死，葬于皂甲屯（今北京市海淀区上庄皂甲屯西）。明珠由长兄郑库抚养长大。

## 顺治四年（1647）

明珠十三岁，选皇帝侍卫。

## 顺治八年（1651）

是年，明珠娶阿济格第五女。时，明珠十七岁。

## 顺治十一年（1654）

三月十八日，玄烨生。

十二月十二日，成德生。

是年，明珠二十岁，任銮仪卫云麾使。

## 顺治十四年（1657）

成德四岁。

是年，卢兴祖迁大理寺少卿，卢氏生。

## 顺治十六年（1659）

成德六岁，是年，当入私塾。

## 顺治十八年（1661）

成德八岁，是年，当习弓马基础。

正月，顺治驾崩，玄烨继位。

五月，卢兴祖擢广东巡抚。卢氏五岁，随任。

是年，明珠二十七岁，任内务府郎中。

冬，南明亡。

**康熙三年（1664）**

成德十一岁。

是年，明珠三十岁，迁内务府总管。

**康熙四年（1665）**

成德十二岁。

二月，卢兴祖迁广东总督。卢氏九岁。

**康熙五年（1666）**

成德十三岁。

四月，明珠由侍读学士升内弘文院学士。

**康熙六年（1667）**

成德十四岁。

七月，圣祖亲政。

是年，董讷中进士。成德得董讷教，学业大进。

九月，卢兴祖革职，十一月，卒。

是年，卢氏十一岁。

**康熙七年（1668）**

九月，明珠升刑部尚书。年三十四岁。

是年，卢氏十二岁，一家扶卢兴祖灵枢北归京师。

**康熙八年（1669）**

成德十六岁，按照惯例，算已成丁，具备结婚或挑差资格。

五月，皇帝擒鳌拜，真正亲政。

是年前后，成德纳家内包衣女颜氏为妾。

**康熙十年（1671）**

　　成德十八岁，入国子监，结识张纯修。

　　十一月，明珠为兵部尚书。

**康熙十一年（1672）**

　　成德十九岁，八月，与顺天乡试，中举人。正副主考官为德清蔡启僔、昆山徐乾学——顺治十三年（1656）至此，觉罗氏陆续生三女。

**康熙十二年（1673）**

　　成德二十岁，因患寒疾，未与殿试。

　　五月，学于徐乾学，始校刻《通志堂经解》。

　　十一月二十一日，吴三桂反。

　　是年，成德始作《渌水亭杂识》。

**康熙十三年（1674）**

　　成德二十一岁，娶卢氏。

　　二月二十四日，明珠次子揆叙生。

　　五月初三日，皇二子保成生。

**康熙十四年（1675）**

　　成德二十二岁。

　　十月，明珠为吏部尚书。

　　十二月十三日，保成为皇太子，成德改名性德。

　　是年，颜氏生长子富格。

**康熙十五年（1676）**

　　成德二十三岁，中二甲七名进士。

年初，太子保成更名胤礽，仍名成德。编刊《侧帽词》。

春夏间，顾贞观入京师，时四十岁，与成德结为密友。成德许为救吴兆骞。

是年，卢氏或有生女事。

## 康熙十六年（1677）

成德二十四岁，在渌水亭撰就《合订大易集义粹言》《渌水亭杂识》编定。

五月三十日，卢氏卒，享年二十一岁。

七月，明珠为内阁大学士。年四十三岁。

揆叙四岁，已能识字辨音。

## 康熙十七年（1678）

成德二十五岁。

正月，朝廷征召博学鸿儒。

正月十七日，顾贞观南返，为成德刻《饮水词》。

夏秋间，博学鸿儒多至京师。

七月二十八日，葬卢氏于皂甲屯。

是年，成德始任侍卫，入御马厩。

## 康熙十八年（1679）

成德二十六岁。

八月二十八日，京师大地动。成德"侍上西苑，上仓促有所指挥，君奋身为僚友先。上叹曰：'此富贵家儿，乃能尔耶！'"

是岁，揆叙六岁，入私塾。

## 康熙十九年（1680）

成德二十七岁，娶官氏。

**康熙二十年（1681）**

成德二十八岁。

十月，吴兆骞归京师。

十一月下旬至十二月初，成德随皇帝谒顺治皇帝孝陵。

本年，三藩平。

是年前后，官氏生成德嫡子，后名富尔敦——富格七岁。

**康熙二十一年（1682）**

成德二十九岁。

二月至五月间，康熙东巡，成德父子、翁婿随驾。

六月，群臣后苑赏花，成德诗云："马曹此日承恩数，也逐清班许钓鱼。"

九月至十一月，成德随出使梭龙。

本年，因成德出使，皇帝酬庸，或进二等侍卫在此时也。

是年前后，成德妻妾当有生女事——康熙十年至此，颜氏、卢氏、官氏陆续生女四人。

**康熙二十二年（1683）**

成德三十岁，揆叙十岁。

夏初，吴兆骞归京师，入府教授揆叙。

九月，成德侍皇帝巡五台山。

十月，成德奉使西域。

**康熙二十三年（1684）**

成德三十一岁。

暮春，成德归京师，陛见，奏出使事。

九月，陪皇帝南巡。

同时，顾贞观携沈宛入京。

十一月，成德到江宁织造府。

岁暮，归京师，纳沈宛为妾。

## 康熙二十四年（1685）

成德三十二岁。

五月三十日，成德卒。皇帝念其觇梭龙功，赠一等侍卫。

秋，沈宛生富森——富格十一岁，富尔敦五岁。

## 康熙二十五年（1686）

本年，成德葬于皂甲屯，诸友皆作悼文。

## 康熙二十六年（1687）

皇上开始驻跸畅春园。

## 康熙二十七年（1688）

明珠罢相，旋为内大臣。时，五十四岁。

明珠于畅春园西、六郎庄北建自怡园。

## 康熙三十年（1691）

徐乾学刻《通志堂集》，张纯修刻《饮水诗词集》。

## 康熙三十三年（1694）

八月，成德母亲觉罗氏卒，年五十八。

## 康熙三十五年（1696）

揆叙二十三岁。

揆叙自二等侍卫授翰林院侍读。

## 康熙四十一年（1702）

八月二十九日，揆芳夫人生长子安昭。

**康熙四十二年（1703）**

是年前后，揆芳妾生元普。

**康熙四十五年（1706）**

十一月十五日，揆芳夫人淑慎郡主薨。

**康熙四十七年（1708）**

正月十四日，揆芳亡，年二十九岁。

皇帝令揆芳二子皆承嗣揆叙，安昭改名永寿，元普改名永福。

四月十七日，明珠亡，享年七十三岁。

**康熙四十九年（1710）**

闰七月二十六日，永寿长女未来夫婿、平郡王纳尔苏次子爱新觉罗·福秀生。

**康熙五十一年（1712）**

是年，揆叙三十九岁，累官至都察院左都御史。

**康熙五十六年（1717）**

正月初七日，揆叙亡，享年四十四岁。

永寿十六岁，任佐领。

**康熙五十八年（1719）**

永寿擢头等侍卫。

## 康熙六十一年（1722）

十一月十三日，玄烨崩。享年六十九岁。

皇四子胤禛即位，改明年为"雍正元年"。特授永寿为散秩大臣。

## 雍正元年（1723）

正月，遣永寿祭告医无闾山。

四月，永寿升授正黄旗满洲副都统，寻署理本旗都统印务。

## 雍正二年（1724）

本年，发揆叙及阿灵阿罪状，追夺揆叙官，削谥。墓碑改镌"不忠不孝、阴险柔佞揆叙之墓"。

## 雍正三年（1725）

十二月，永寿兼署镶红旗都统印务。

## 雍正五年（1727）

正月，永寿擢礼部右侍郎。

四月，永寿转兵部右侍郎，八月命充议政大臣。

## 雍正六年（1728）

六月初一日，永寿生女，即后来乾隆皇帝舒妃叶赫那拉氏。

## 雍正七年（1729）

二月，兼署镶蓝旗汉军都统印务。

## 雍正八年（1730）

八月，永寿疾病发作，雍正皇帝"遣御医诊治"。

**雍正九年（1731）**

正月初六日，永寿亡，年三十岁。

**乾隆六年（1741）**

二月初七日，十四岁的叶赫那拉氏入宫，赐号贵人，晋舒嫔。

**乾隆十三年（1748）**

五月，舒嫔晋舒妃。

**乾隆四十二年（1777）**

五月三十日，舒妃薨，时年五十岁（虚岁）。

九月二十日，舒妃入葬乾隆皇帝裕陵妃园寝。

**乾隆五十五年（1790）**

因渎职，承安革职抄家。

# 参考资料

张荫麟：《纳兰成德》，北京人民出版社 2019 年版。

寇宗基、邸建平：《纳兰成德评传》，山西古籍出版社 1994 年版。

赵迅：《纳兰成德家族墓志通考》，文津出版社 2000 年版。

康奉、李宏、张志主编：《纳兰成德集》，北京古籍出版社 2006 年版。

王建、苏国安编：《纳兰性德研究论丛》，天津古籍出版社 2014 年版。

张宝章：《三山五园新探》，中国人民大学出版社 2014 年版。

黄一农：《二重奏：红学与清史的对话》，中华书局 2015 年版。

刘小萌：《清代北京旗人社会（修订本）》，中国社会科学出版社 2016 年版。

徐征、冯黛红：《人生若只如初见：纳兰容若寻踪》，国际文化出版公司 2017 年版。

樊志斌：《纳兰成德传》，北京联合出版公司 2019 年版。

刘小萌：《清朝遗迹的调查》，中国社会科学出版社 2020 年版。

永莉娜：《明珠家族研究》，吉林师范大学，2019 年。

# 后记

　　本书是在北京市文物局科研课题"纳兰成德家族在京史迹调查与研究"的成果基础上增补、修订而成的。

　　2018年初，文物专家吴梦麟先生建议以北京石刻艺术博物馆藏纳兰成德家族碑刻、墓志为基础，调查、研究其家族在京史迹。鉴于纳兰成德作为清代词人之冠，人们对他的文学成就研究较多，但以墓志为线索，对其墓葬、宅邸、寺观、园林等展开综合调查研究的成果较少，因而此建议得到了北京石刻艺术博物馆业务人员的积极响应。2018年底该课题在北京市文物局科研处的支持下得以立项。

　　课题采用文献资料收集、现场踏勘与口述史访谈相结合的方式展开，从2018年末开始，课题组用近一年的时间陆续调查了纳兰成德家族史迹，包括上庄南寿地、北寿地，双榆树墓地、双林寺遗址，上庄东岳庙及戏台、龙王圣母庙、真武庙原址、北玉河关帝庙，以及什刹海周边的普济寺（关帝高庙）、醇王府（宗教事务管理局）、醇王府马号、醇王府花园（宋庆龄故居）、故宫等十余处历史建筑和遗迹。新捶拓了明珠、觉罗氏、揆叙、耿氏、永寿墓志共十张，并对东岳庙大殿和戏台、北玉河关帝庙大殿等建筑进行了测绘。期间采访了对纳兰家族墓葬、家庙、文物征集等情况熟知的原上庄村书记王德盛先生、赵宝军先生、文物专家吴梦麟先生，形成了珍贵的口述资料。

　　课题组的同志们历经春夏秋冬，通过深入调研、辛勤付出，于2019年末整理汇集出一本内容丰富详实的结题报告。报告以文物、建筑遗存为依托，相对客观地还原了纳兰成德及其家族的面貌，同时对诸如纳兰家族成员墓志的发现与流转、著名的渌水亭之所在等目前学术界有争议的问题也作出了考证，具有一定的学术研究价值，鉴于此，我们决定将课题成果出版。通过请教专家、增补内容、调整架构，历时两年，这部名为《纳兰成德宗族北京碑刻文物史料》的专著终于出版在即，此书凝结了课题组和编委会全体同仁的智慧与心血，是集体智慧的结晶。

本书邀请吴梦麟先生、樊志斌先生担任顾问，卢嘉兵担任主编，石奕、李迪担任执行主编。全书为课题组和编委会全体同仁共同编写，前言由石奕、谢欣负责撰写；目录由石奕提出、谢欣撰写，编委会集体讨论修改四稿；第一章——纳兰宗族府邸文物史料由武迪撰写；第二章——纳兰宗族园林文物史料由霍睿颐撰写明珠花园、桑榆墅部分，郭豹撰写渌水亭部分，谢欣撰写自怡园、水磨村园林部分；第三章——纳兰宗族庙宇文物史料由史迪威撰写普济寺、龙王圣母庙部分，石奕撰写东岳庙部分，张云燕撰写真武庙、关帝庙部分；第四章——纳兰宗族墓地文物史料由贾瑞宏撰写明珠墓志、明珠夫人觉罗氏墓志部分，石奕、谢欣撰写纳兰容若墓志部分，石奕撰写纳腊卢氏墓志部分，刘铭撰写揆叙墓志、揆叙夫人耿氏墓志部分，李迪撰写北寿地部分，武迪撰写桑榆墅与双林寺部分；第五章——纳兰宗族文物口述史料由史迪威撰写"王德盛""赵宝军"口述史部分，李迪撰写"吴梦麟"口述史部分；后记由石奕撰写。全书由石奕、谢欣、李迪负责统稿，史迪威、武迪负责摄影，霍睿颐、李迪负责绘图，贾瑞宏、刘铭负责传拓。

衷心感谢北京市文物局的大力支持，为课题研究提供了经费资助。感谢北京石刻艺术博物馆为出版提供了经费支持，感谢兄弟单位首都博物馆为捶拓墓志资料给予的支持。

衷心感谢老一辈文物专家吴梦麟先生，从课题的选题到调查、研究、编纂都提供了莫大的帮助。感谢刘小萌老师、杨璐老师、樊志斌老师、永莉娜老师等各位专家学者的悉心指教。

衷心感谢热爱文物、熟知历史的王德盛先生、赵宝军先生，感谢他们在寒冷冬日和炎炎酷暑中接受我们的采访，为我们进行细致的讲述，形成的口述历史部分也成为书稿中的重要内容。感谢热心为我们指路、帮助追溯真武庙历史的李家坟村委会青年党员孙宇佳，此次机缘也是调查中的意外收获。

衷心感谢本课题组和编委会的同志们，他们是卢嘉兵、石奕、李迪、郭豹、贾瑞宏、张云燕、史迪威、武迪、刘铭、谢欣、霍睿赜。无论寒冬酷暑，无论早出晚归，无论野外调查环境多么艰辛，每一位同志都不曾有怨言，始终坚持一丝不苟地完成所有调查内容。由于同志们都担负着本职工作，撰稿工作几乎都是利用个人休息时间完成的，而且为了保证出版水准，经过了反复地修改、校对，大家的敬业精神令人感动与钦佩。

本书立足于北京石刻艺术博物馆自身特色，充分发挥文物古建方面的专长，首次展示了有关纳兰家族在京历史建筑和遗迹的全面田野调查成果，东岳庙大殿、戏台等的测绘图纸也都是首次披露，纳兰家族成员的墓志也是第一次集中亮相。

我们希冀本书可以为清史研究者提供可资参考的资料，也可以供纳兰迷们寻幽访古，按图索骥。同时旨在引起广大同仁对于纳兰家族在京史迹保护利用方面的关注与思考。我们的工作还有许多未尽之处，有待广大专家学者批评指正。

编者
2022 年 10 月

**图书在版编目（ＣＩＰ）数据**

纳兰成德宗族北京碑刻文物史料／北京石刻艺术博物馆编. —— 北京：北京燕山出版社，2022.12

ISBN 978-7-5402-6722-3

Ⅰ.①纳⋯ Ⅱ.①北⋯ Ⅲ.①纳兰成德－家族－史料 Ⅳ.① K820.9

中国版本图书馆 CIP 数据核字 (2022) 第 206408 号


| | |
|---|---|
| 编　　者 | 北京石刻艺术博物馆 |
| 责任编辑 | 战文婧 |
| 文字编辑 | 郭　扬 |
| 封面设计 | XXL Studio |


| | |
|---|---|
| 出版发行 | 北京燕山出版社有限公司 |
| 社　　址 | 北京市西城区椿树街道琉璃厂西街 20 号 |
| 邮　　编 | 100052 |
| 电话传真 | 86-10-65240430（总编室） |
| 印　　刷 | 北京富诚彩色印刷有限公司 |


| | |
|---|---|
| 开　　本 | 710mm×1000mm　1/16 |
| 字　　数 | 220 千字 |
| 印　　张 | 17 |
| 版　　次 | 2022 年 12 月第 1 版 |
| 印　　次 | 2022 年 12 月第 1 次印刷 |


| | |
|---|---|
| ISBN | 978-7-5402-6722-3 |
| 定　　价 | 89.00 元 |